广东省工业
电商发展研究报告
（2017—2018）

蒋剑豪 文丹枫 朱志荣◎主编

RESEARCH REPORT IN THE DEVELOPMENT OF
INDUSTRIAL E-COMMERCE OF GUANGDONG PROVINCE
（2017—2018）

经济管理出版社
ECONOMY & MANAGEMENT PUBLISHING HOUSE

图书在版编目（CIP）数据

广东省工业电商发展研究报告（2017—2018）/ 蒋剑豪，文丹枫，朱志荣主编 .—北京：经济管理出版社，2018.6
ISBN 978-7-5096-5818-5

Ⅰ. ①广…　Ⅱ. ①蒋… ②文… ③朱…　Ⅲ. ①工业发展—电子商务—研究报告—广东—2017-2018　Ⅳ. ①F427.65-39

中国版本图书馆 CIP 数据核字（2018）第 103229 号

组稿编辑：杨　雪
责任编辑：杨　雪
责任印制：黄章平
责任校对：王淑卿

出版发行：经济管理出版社
　　　　　（北京市海淀区北蜂窝 8 号中雅大厦 A 座 11 层　100038）
网　　址：www. E-mp. com. cn
电　　话：（010）51915602
印　　刷：北京晨旭印刷厂
经　　销：新华书店
开　　本：720mm×1000mm/16
印　　张：11.5
字　　数：182 千字
版　　次：2018 年 7 月第 1 版　　2018 年 7 月第 1 次印刷
书　　号：ISBN 978-7-5096-5818-5
定　　价：48.00 元

编委会

工业电子商务是电子商务在工业流通、生产、服务全流程的深化应用，是制造业数字化、网络化、智能化的重要引擎，是制造业转型升级的重要抓手，是制造业新旧动能转换的重要途径。随着我国工业经济结果调整的不断深入，工业经济保持了平稳较快发展，工业电商逐步成为我国工业企业转型升级、创建新型工业 4.0 业态、实现工业化与信息化深度融合、"互联网+制造业"的重要引擎。

当前，是广东省深入贯彻习总书记"四个坚持、三个支撑、两个走在前列"重要批示，进一步探索经济发展新模式、新路径的重要时期。发展工业电商，广东具备明显优势：一是广东经济总量稳步提升，工业转型升级向高端化演进，工业行业电子商务平台不断壮大，省内各行业电子商务应用不断拓展，尤其是钢铁、塑料等行业性电子商务平台增长迅速；二是广东省的电子商务起步较早，在互联网经济发展浪潮中，广东省电子商务发展一直处于全国前列；三是广东省在工业领域的电子商务应用不断拓展，"TCL""格力""美的"等大型传统工业制造企业年网络销售额均超亿元。但在工业电商的发展进程中，广东省仍存在不足之处：第一，线上线下融合还不够紧密，电子商务受到落后经营和管理方式的制约；第二，工业电商的深度应用不足，大型企业供应链协同应用水平有限；第三，第三方电子商务服务平台商业模式还不成熟，服务能力和水平还有待提升。

近年来，广东省工业电子商务快速发展，现处于总量扩张、应用扩大、密集创新阶段，内生动力和创新能力日益增强，并向规模化、专业化、集聚化方向发展。《广东省工业电商发展研究报告（2017-2018）》在结合工业电商理论概述和中国工业电商发展概况的情况下，对广东省工业电商整体发展情况有重点、分区域进行分析，全面展示了广东省工业电商发展情况，最后提出广东省工业电商发展措施，以便为广东省工业电商的发展提供思路，为相关研究机构、政府决策部门提供参考。

广东省华南现代服务业研究院执行院长、研究员

广东省电子商务协会常务副会长兼秘书长

程晓

2018 年 6 月 5 日于广州

目

录

第一章

工业电商理论概述

第一节 工业电商概念

从概念构成上来看，工业电子商务包括"工业"和"电子商务"两个关键词。工业是指采集原材料，并把它们在工厂中生产成产品的工作和过程，其中包括了工业原材料、工业企业、工业生产和工业产品等基本要素。工业又包括制造业，采矿业和电力、热力、燃气供应业，其中，制造业是工业的主体。电子商务是以信息网络技术为手段，以商品交换为中心的商务活动。经济合作与发展组织（OECD）将电子商务定义为通过计算机为媒介的网络系统，发生在企业、家庭、个人、政府或者其他公共或私人组织之间的产品或服务的采购和销售活动。产品或服务的采购订单是在网络上完成的，但支付和产品或服务的交割可以"在线"或者"离线"完成。

工业电子商务是电子商务在工业流通、生产、服务全流程的深化应用，是制造业数字化、网络化、智能化的重要引擎，是制造业转型升级的重要抓手，是制造业新旧动能转换的重要途径。工业和信息化部电子科学技术情报研究所将工业电子商务定义为：电子商务在工业流通环节的应用，不仅包括工业企业为原材料、设备、燃料、水电气和零配件等生产投入要素以及办公用品耗材的采购，还包括为产品销售和服务而开展的网络购销与物流活动，以及基于第三方电子商务服务平台进行的工业相关商品交易与物流活动。

第二节 工业电商发展历程

一、第一阶段：企业内部信息系统

企业内部信息系统是指利用计算机技术对业务和信息进行集成处理的程

序、数据和文档等的总称。企业内部网是将企业内部（不分地域）的各个分支机构和管理部门通过网络连接起来，以实现在企业内部信息交流和共享①。

企业内部信息系统通常包括三部分的核心功能：①数据库管理，包括综合分析、设计系统中的数据需求和维护组织数据资源。②信息系统库管理，是指在单独的信息系统库中存储暂时不用的程序和文件，并保留所有版本的数据和程序。③数据控制管理，是指维护计算机路径代码的注册，确保原始数据经过正确授权，监控信息系统工作流程，协调输入和输出，将输入的错误数据反馈到输入部门并跟踪监控其纠正过程，将输出信息分发给经过授权的用户。

二、第二阶段：EDI 电子商务

EDI（Electronic Data Interchange，电子数据交换）是信息技术向商贸领域渗透并与国际商贸实务相结合的产物，是由"商务电子化"向"电子商务化"演变过程中产生质变的关键一环。

EDI 应用计算机代替人工处理交易信息，大大提高了数据的处理速度和准确性。然而，为使商业运作各方的计算机能够处理这些交易信息，各方的信息必须按照事先规定的统一标准进行格式化，才能被各方的计算机识别和处理。因此，可以将 EDI 的概念概括为：EDI 是参加商业运作的双方或多方按照协议，对具有一定结构的标准商业信息，通过数据通信网络在参与计算机之间所进行的传输和自动处理。

三、第三阶段：互联网电子商务

传统电子商务是那种只依据网络宣传，部分使用网络功能的商务活动。现代电子商务是通过互联网实现企业、商户及消费者的网上购物、网上交易及在线电子支付的一种不同于传统商业运营的新型商业运营模式。电子商务是随着互联网发展而发展起来的，现代工业企业电子商务已经跨越了企业内

---

① 孙宏伟. 制造业电子商务发展模式探析［D］. 北京：北京交通大学硕士学位论文，2001.

部信息系统阶段和 EDI 电子商务（电子数据交换）阶段，演化成一种借助互联网来实现的现代电子商务。

互联网时代的到来，引发了工业电子商务的新变化。企业购销呈现网络化，并产生了企业自营购销网站和第三方电子商务平台。尤其是随着信息化技术的发展和商务模式的不断创新，还产生了以个性化定制为代表的多种新型电商模式。个性化定制模式以"消费者驱动为核心"，将是未来商业模式的主流，它根据客户个性化设计及原料、设备个性化选择来整合产业链资源，实现从原料采购到制作成品全程化协同管理和多品牌小批量、快速响应消费者需求。

第三节 工业电商多维度分类

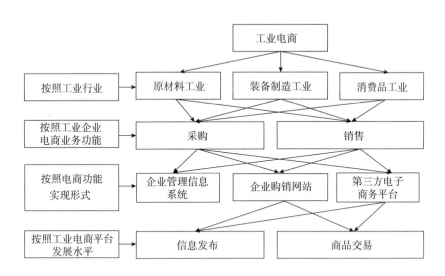

图 1-1 工业电商的四维度分类体系

资料来源：中商产业研究院。

工业电商的四维度分类体系如下：

维度一：按工业行业分类。按照工业行业分类，可划分为三大行业，分别是原材料工业、装备制造工业和消费品工业及其相应子行业中的电子商务应用。其中，原材料工业包括石油行业、化工行业、金属行业、矿产行业和建筑材料等行业；装备制造工业包括机械行业、汽车行业、航天和船舶制造业以及轨道交通制造业等；消费品工业包括轻工业、纺织业、食品业、医药业、家电业和烟草业等。

维度二：按工业企业电商业务功能分类。对应于工业企业电子商务的业务功能不同，工业电商可分为面向上游完成企业采购功能的电子商务和面向下游完成企业销售功能的电子商务两类。

维度三：按电商功能实现形式分类。按照电子商务的功能实现形式不同，可分为企业管理信息系统、企业购销网站和第三方电子商务平台。

维度四：按工业电商平台发展水平分类。工业电商平台按照发展水平不同可分为信息发布和商品交易两种类型。

第四节 发展工业电商的意义

工业电商的快速发展，将对制造业产生十分重要且深远的影响。一方面有助于制造企业有效降低交易成本、扩展市场范围、快速响应市场变化、提高供应链协同能力，从而全面提升企业内部价值链；另一方面大力促进产业供应链整合，释放市场活力并推动个性化定制的大规模生产和柔性制造的快速实现，切实推进制造业转型升级。

一、全面提升工业企业内部价值链

当前，中国工业企业正面临全球性生产过剩、劳动力和原材料成本上升以及低碳经济要求等多重压力，企业亟待转变生产经营方式，寻求新的经济增长点。工业电商作为一种全新的商务运作模式，将有助于全面提升工业企业内部价值链，为制造企业的发展提供新的契机。

第一，工业电商可缩短交易流程，使工业企业库存和资金周转率提高，从而极大地增强生产经营效率并降低成本。传统商务交易方式是企业向供应商发出报价单，相关的库存单、保险单等文件以信件形式寄出，整个过程相当复杂耗时，且企业在有限的时间里找到的供应商有限，更不用说原材料价格是否低廉。电子商务是企业的相关部门收到网络传来的正式订货单后，通过电子商务系统与有关厂家报价与议价，企业可以快速做出评估和决定。通过网络，企业可以找到更多的供应商，供应商之间的竞争加剧，可使其提供的原材料价格下降，且营销费用和运输费用都大幅度降低①。第二，有助于加快工业企业市场响应。基于互联网的信息共享与互动平台，电子商务比传统商务具有更大的透明度和实时性，从而帮助工业企业及时把握市场动向，缩短产品研发和生产周期，大力提升市场响应能力。第三，优化工业企业组织结构，为应对更加激烈、透明和多样化的市场竞争，电子商务促使工业企业的组织结构由传统的直线式向扁平化转化，以加快信息在组织内的流动。第四，为工业企业拓展新的市场范围。电子商务作为一种新兴的交易渠道，是对工业企业原有销售渠道的重要补充，其最直观的作用就是扩大工业企业原有的市场半径，促进业务无边界扩张，获得更大的市场机会。

二、大力推进工业供应链整合

电子商务的应用不仅可以促进工业企业内部价值链的提升，还可以帮助生产、采购、销售等供应链各环节主体跳出传统的企业间明显的界限划分，重新设计供应链各环节之间的信息交流方式，推动上下游深化合作，大力促进研发设计、原材料加工、制造、仓储运输、批发、零售和服务等产业链关键环节中的信息共享与交流，从而推动"市场需求—销售—生产—采购"这一整条供应链上各环节企业间的业务流程重组和协同合作，减少不必要的重复和浪费，实现优势互补②，从而大大提高合作主体在市场上的整体竞争力，达成协同效应，加速供应链向价值链进而向生态链的转变，为工业企业和整

---

① 孙宏伟. 制造业供应链电子商务管理模式研究 [D]. 北京：北京交通大学硕士学位论文，2011.

② "工业+电子商务"为制造业转型带来新机遇 [EB/OL]. 比特网，2017-07-10.

个产业链带来红利，促进工业行业转型升级。

三、推进两化融合深度发展，稳步推进智能制造

工业电子商务的发展能够大力推进两化融合的发展，成为完善企业信息化转型升级的又一助力，在企业信息资源管理系统和客户关系管理系统等供应链管理系统的协同合作下，极大地促进管理现代化，转换经营机制，建立现代企业制度，实现企业对人、财、物等方面的有效管理以及对采购、加工、生产和销售各个环节的一体化管理控制及运营维护，使企业的各种资源达到合理有效的配置，提高企业决策管制的效率与准确性，在极大提高产业运营效率的基础上，快速、稳步、有效地实现智能制造。

四、加速个性化定制的大规模生产和柔性制造

与美国的工业互联网和德国的工业 4.0 类似，《中国制造 2025》的一个终极目标就是要实现柔性制造和个性化产品的工业化生产。随着未来互联网的发展，消费者的声音越来越强，未来价值链的第一推动力将来自于消费者而不是厂家。在各种产业中客户需求的个性化都是一个显著的趋势，在工业中，快速的个性化制造的实现需要有先进的制造技术进行支持，例如虚拟设计、柔性制造、快速成型等技术①。

电子商务作为完全基于互联网的经济交易活动，天然地与消费者建立了最直接有效的互相连接，成为柔性制造和个性化定制生产的关键起点，进而通过将市场需求信息迅捷地传达给制造相关部门或上游生产厂商，倒逼工业企业利用现代化的信息技术等手段将产品研发设计、生产制造和经营管理等各个环节进行深度革新，从而全面推动企业业务创新和管理升级，以便迅速灵活地组织物料采购、生产制造和物流配送等活动，对市场需求变化做出快速响应，最终实现个性化定制的大规模生产和柔性制造。

---

① 吴雪琴，舒晓苓. 关于制造业电子商务发展的几点思考 [J]. 电脑知识与技术，2008 (4).

五、着力推进绿色制造

随着工业化进程的快速推进，资源环境对于工业发展的约束将更加强化，工业电商因其低碳性、低耗能、低排放的环保特征，为工业应对资源环境挑战提供了新途径。一方面，工业电商将传统的商务流程电子化和数字化，以电子流代替了实物流，不仅显著提高了物质资源的使用效率，更大大降低了可能与交易相关的交通、差旅、物流、运输、仓储和纸张等能源资源消耗，从而有效减少碳排放；另一方面，绿色回收和交易平台也借助工业电商迅速发展起来。通过把线上线下资源结合起来，搭建再生资源行业 O2O 平台，为广大再生资源利废企业和废旧物资回收企业提供更多亲密接触的机会，从而大力提高制造业资源利用效率，推进制造业绿色改造升级。

第二章

中国工业电商发展环境

第一节 工业电商发展工业环境

一、工业经济发展形势

近年来中国工业经济保持了平稳较快发展，成为国民经济企稳回升的主要推动力量，在结构调整和优化方面也迈出了令人欣喜的步伐，为工业经济的可持续发展奠定了重要基础，为中国在世界经济中地位的不断提升起到了巨大的推动作用。

2015 年，中国全部工业增加值为 228974 亿元，比上年增长 5.9%（见图 2-1）。规模以上工业增加值增长 6.1%。在规模以上工业中，分经济类型看，国有控股企业增长 1.4%，集体企业增长 1.2%，股份制企业增长 7.3%，外商及港澳台商投资企业增长 3.7%，私营企业增长 8.6%。分门类看，采矿业增长 2.7%，制造业增长 7.0%，电力、热力、燃气及人水的生产和供应业增长 1.4%。

2016 年，我国全部工业增加值为 247860 亿元，比上年增长 6.0%（见图 2-1）。规模以上工业增加值增长 6.0%。在规模以上工业中，分经济类型看，国有控股企业增长 2.0%，集体企业下降 1.3%，股份制企业增长 6.9%，外商及港澳台商投资企业增长 4.5%，私营企业增长 7.5%。分门类看，采矿业下降 1.0%，制造业增长 6.8%，电力、热力、燃气及水的生产和供应业增长 5.5%。

2016 年，工业战略性新兴产业增加值增长 10.5%。高技术制造业增加值增长 10.8%，占规模以上工业增加值的比重为 12.4%。装备制造业增加值增长 9.5%，占规模以上工业增加值的比重为 32.9%。六大高耗能行业增加值增长 5.2%，占规模以上工业增加值的比重为 28.1%。

另外，规模以上工业企业的主营业务收入出现了明显下降，利润总额更是出现了负增长（见图 2-2），由此可见，我国工业企业整体运行压力较大，

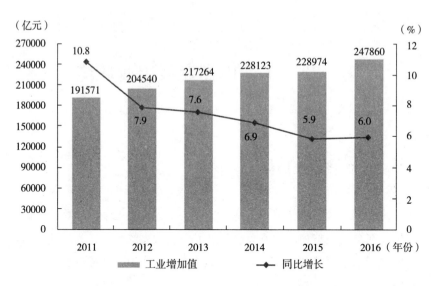

图 2-1　2011~2016 年中国工业增加值及增长速度

数据来源：国家统计局。

工业企业急需寻找新的突破口，由此，工业电商的应用对我国工业的发展意义重大。

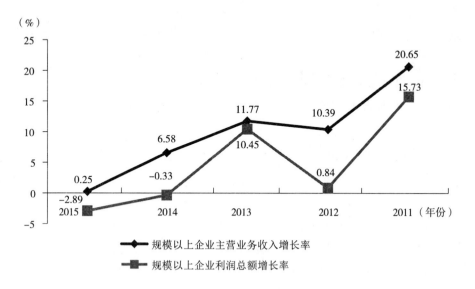

图 2-2　2016 年中国规模以上工业企业主营业务收入和利润总额增长率

数据来源：国家统计局。

二、工业企业经营环境

工业企业经营环境有待进一步改善。目前中国工业企业经营环境在很多方面有待进一步改善，具体表现在以下几个方面①：

一是市场秩序仍不够规范。知识产权保护力度不够，假冒伪劣产品充斥市场；企业信用意识弱，商业欺诈、逃废债现象日益严重，财务失真行为比较普遍；企业之间不公平竞争问题大量存在，很多企业热衷于向政府寻租，以虚假经营活动骗取国家优惠政策等。这些问题的存在导致了很多企业不愿意进行技术研发，行为短期化倾向严重。

二是经营资源保障不足或成本过高。目前，虽然国家对资金的供给较为充裕，但银行出于资金安全考虑，未必将资金贷给那些最需要贷款的企业，而获得贷款的企业也未必将资金都用于生产性投资或日常经营。相当一部分企业，特别是中小企业，仍然感觉资金紧缺。同时，房地产的利润远远超出制造业的平均利润，也必然诱导企业将剩余资本投向房地产而不去追求技术创新，导致制造业的空心化。

三是税费负担仍然较重。近些年来中国工业企业税费负担不断减轻，但与国际水平相比，税费占企业成本的比重仍然较大。经测算，中国的宏观税负水平约为16%，而美国仅为7%，表明中国的宏观税负水平仍有较大的降低空间。

第二节 工业电商发展政治环境

一、电子商务立法

自2013年12月电子商务立法工作全面启动后，全国人大财政经济委员

---

① 摘自《中国经济报告》中的"当前工业经济形势分析"部分。

会将电子商务的核心问题分为 12 个子课题，分别从国家部委和省市两个不同的角度进行专题研究。2014 年 11 月 24 日全国人大财政经济委员会举行了专题成果研究汇报会，8 个部委和 13 个省市的研究团队参加了会议。会议对电子商务的监管体制、市场准入及退出制度、数据电文及电子合同、电子支付、在线数据产品知识产权保护研究、消费者权益保护、税收、纠纷解决机制、电子交易信息安全保障制度、跨境电子商务和交易环境建设进行了详细研讨，并对电子商务立法进行了国际比较。会议提出了国家电子商务立法的整体框架和下一步工作的详细安排。

2014 年，国家各部委继续加大对电子商务的政策支持力度，电子商务政策和法规不断出台，我国电子商务政策法规体系逐步完善。在全国电子商务立法工作大力推进的同时，全国人大、各部委对电子商务有关法规的研究和发布工作也在加紧进行。2015 年 1 月至 2016 年 6 月完成了电子商务法律草案的起草。2016 年 12 月十二届全国人大常委会第二十五次会议对电子商务立法进行常委会一审。2016 年 12 月 27 日至 2017 年 1 月 26 日全国人大常委会官方网站中国人大网向全国公开电子商务立法征求意见。2017 年 11 月，中国立法机关再次审议电子商务法草案，我国首部电子商务法即将出台。

二、网络市场监管

全国网络市场监管相关政策汇总如表 2-1 所示。

表 2-1　全国网络市场监管相关政策汇总

序号	政策名称	主要内容	文号	时间
1	《关于全面加强电子商务领域诚信建设的指导意见》	大力加强电子商务领域诚信体系建设，着力解决电子商务交易各方信任缺失问题	发改财金〔2016〕2794 号	2016 年 12 月 30 日
2	《网络食品安全违法行为查处办法》	依法查处网络食品安全违法行为，加强网络食品安全监督管理，保证食品安全	国家食品药品监督管理总局令第 27 号	2016 年 7 月 13 日

续表

序号	政策名称	主要内容	文号	时间
3	《"互联网+税务"行动计划》	推动互联网创新成果与税收工作深度融合,着力打造全天候、全方位、全覆盖、全流程、全连通的智慧税务生态系统	税总发〔2015〕113号	2015年9月28日
4	《网络交易管理办法》	规定了网络商品经营者和有关服务经营者的义务,规定了网络商品交易及有关服务监督管理,以及相关法律责任	工商总局令第60号	2014年1月26日
5	《网络交易平台经营者履行社会责任指引》	强调规范网络商品交易及有关服务行为,引导网络交易平台经营者积极履行社会责任,保护消费者和经营者的合法权益,促进网络经济持续健康发展	工商市字〔2014〕106号	2014年5月28日
6	《关于跨境贸易电子商务进出境货物、物品有关监管事宜的公告》	对企业注册登记及备案管理、电子商务进出境货物、物品通关管理与电子商务进出境货物以及物品物流监控等方面做了具体要求,同时明确规定通过与海关联网的电子商务平台进行跨境交易的进出境货物、物品范围、数据传输、企业备案、申报方式和监管要求等事项	海关总署公告2016年第56号	2014年7月23日
7	《关于加强境内网络交易网站监管工作协作积极促进电子商务发展的意见》	通过充分发挥各部门的职能优势,加强网络交易网站监管工作协作,强化对网络经营主体和载体的管理,及时发现和快速消除网络交易市场中的不良现象,遏制网络交易市场违法违规行为,营造透明有序、公平正义的市场环境,推动网络交易市场诚信机制的形成,促进我国电子商务实现又好又快发展	工商市字〔2014〕180号	2014年9月29日

资料来源:中商产业研究院。

三、工业电商试点

我国积极探索工业电商发展新模式新机制，围绕工业电子商务深化应用和创新发展，选择一批基础较好、创新性和带动性强的重点区域、行业、企业开展试点示范，探索工业电子商务发展新模式、新机制。总结实践经验，挖掘典型案例，推动开展全国工业电子商务深度行活动，探索形成可复制、可推广、具有示范带动作用的行业解决方案。目前，北京市朝阳区、天津市北辰区、上海市宝山区、河南省安阳区、湖北省孝感市孝南区和广东省揭阳市等工业电商试点区域发展基本理想。

2017 年广东省启动工业和信息化领域电子商务试点示范项目[①]。一是推进电子商务区域试点示范，促进推动各类工业园区、开发区引进电子商务服务商进驻，为区域内工业企业应用电子商务提供支撑和服务，支持工业园区、开发区建设电子商务服务中心、电子商务公共服务平台、电商创业孵化中心（园）等项目；二是推进电子商务平台试点示范，引导第三方平台为全省工业企业提供信息服务、交易服务、研发设计等功能性服务，推动工业各细分行业企业为满足自身生产经营需要而开展的网上采购、分销、直销及相关服务活动的开展，支持电子商务公共服务平台为全省工业行业提供集成创新服务的各类电子商务公共服务平台，包括 B2B、B2C、O2O、供应链综合服务、大宗商品交易、互联网营销推广、大数据服务、"互联网+"物流创新服务、信用认证、第三方支付、电商代运营等运营模式，支持工业企业自建电子商务信息平台，工业企业为满足自身生产经营需要而开展的网上采购、互联网营销、供应链管理、信息追溯、个性化定制等活动自建的各类平台。

四、违法犯罪打击

为了加强互联网领域侵权假冒行为治理，营造开放、规范、诚信、安全的网络交易环境，促进电子商务健康发展，2015 年 10 月 26 日国务院办公厅

---

① 《广东省经济和信息化委关于组织开展广东省工业和信息化领域电子商务试点示范工作的通知》。

发布了《国务院办公厅关于加强互联网领域侵权假冒行为治理的意见》，明确突出以下监管重点：①打击网上销售假冒伪劣商品。以农资、食品药品、化妆品、医疗器械、电子电器产品、汽车配件、装饰装修材料、易制爆危险化学品、儿童用品以及服装鞋帽等社会反映集中、关系健康安全、影响公共安全的消费品和生产资料为重点，组织开展集中整治行动，加强监管执法。坚持线上线下治理相结合，在制造加工环节，组织开展电子商务产品质量提升行动，加强风险监测，净化生产源头；在流通销售环节，加强网络销售商品抽检，完善网上交易在线投诉及售后维权机制。②打击网络侵权盗版。以保护商标权、著作权、专利权等知识产权为重点，严厉打击利用互联网实施的侵权违法犯罪。加大对销售仿冒知名商标、涉外商标商品的查处力度，维护权利人和消费者的合法权益。③提升监管信息化水平。充分利用大数据、云计算、物联网、移动互联网等新信息技术，创新市场监管手段。

五、三年行动计划

2017年9月11日，工业和信息化部印发了《工业电子商务发展三年行动计划》（工业和信息化部信软〔2017〕227号）（以下简称《行动计划》），部署未来三年工业电子商务发展工作，加快创新工业企业交易方式、经营模式、组织形态和管理体系，不断激发制造业企业创新活力、发展潜力和转型动力，推动制造强国和网络强国建设。

《行动计划》采用了定性目标和定量目标相结合的方式提出了工业电子商务发展工作主要目标。在定性目标方面，《行动计划》明确提出到2020年，工业电子商务应用进一步普及深化，建成一批资源富集、功能多元、服务精细的工业电子商务平台，工业电子商务支撑服务体系不断完善，发展环境进一步优化，线上线下融合水平逐步提升，形成开放、规范、诚信、安全的工业电子商务产业生态。在定量目标方面，到2020年，规模以上工业企业电子商务采购额达到9万亿元、电子商务销售额达到11万亿元，重点行业骨干企业电子商务普及率达到60%，成为激发企业创新活力的重要引擎。

《行动计划》提出了五项主要行动。一是工业电子商务普及应用方面，提出"大企业工业电子商务发展水平提升行动"和"中小企业工业电子商务推广行动"。二是围绕平台建设，提出"重点工业行业电子商务平台培育行动"。三是聚焦区域转型，提出"区域工业电子商务培育行动"。四是支撑服务体系建设方面，提出"工业电子商务支撑服务体系建设行动"。围绕主要行动的贯彻落实，《行动计划》进一步提出了强化组织保障、加强政策引导、完善服务体系、开展试点示范、深化国际合作五个方面的保障措施。

《工业电子商务发展三年行动计划》为我国工业电子商务的发展指明了方向，有利于推动工业企业交易方式和经营模式的在线化、网络化和协同化，有利于促进面向生产制造全过程、全产业链、产品全生命周期的信息交互和集成协作，有利于实现个性化定制、网络化协同和服务型制造等新型生产模式，有利于构建开放式、扁平化、平台化的组织管理模式。大力发展工业电子商务，是深化供给侧结构性改革的重要途径，对于转变经济发展方式、引领新旧发展动能和生产体系转换、推动制造业由大变强具有重要意义。

第三节　工业电商发展网络环境

一、总体网民规模

截至 2016 年 12 月，中国网民规模达 7.31 亿人，全年共计新增网民 4299 万人。互联网普及率为 53.2%，较 2015 年底提高了 2.9 个百分点（见图2-3）。

二、手机网民规模

截至 2016 年 12 月，中国手机网民规模达 6.95 亿人，较 2015 年增加 7550 万人。网民中使用手机上网的人群占比由 2015 年的 90.10% 提高至 2016 年的 95.10%（见图 2-4）。

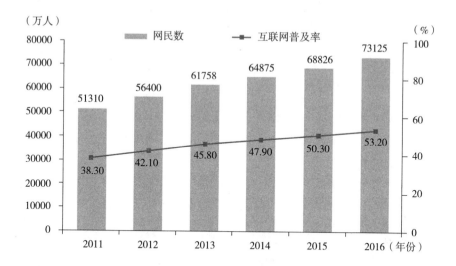

图 2-3　2011~2016 年中国网民数量以及互联网普及率增长趋势

数据来源：CNNIC、中商产业研究院。

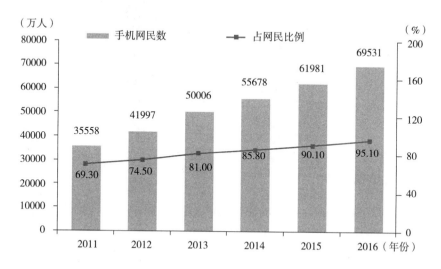

图 2-4　2011~2016 年手机网民数量及其占网民比重增长趋势

数据来源：CNNIC、中商产业研究院。

三、网民属性结构

(一) 性别结构

截至 2015 年 12 月,中国网民男女比例为 53.6:46.4（见图 2-5),截至 2016 年底,中国人口男女比例为 52.4:47.6,网民性别结构进一步与人口性别逐步接近。

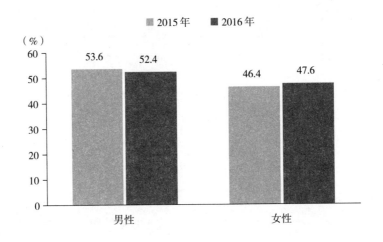

图 2-5   2015~2016 年中国网民性别结构示意图

数据来源：CNNIC、中商产业研究院。

(二) 年龄结构

截至 2016 年 12 月,我国网民以 10~39 岁群体为主,占整体的 73.7%：其中 20~29 岁年龄段的网民占比最高,达 30.3%,10~19 岁、30~39 岁群体占比分别为 20.2%、23.2%,较 2015 年底略有下降。与 2015 年底相比,10 岁以下低龄群体和 40 岁以上中高龄群体的占比均有所提升,互联网继续向这两部分人群渗透（见图 2-6）。

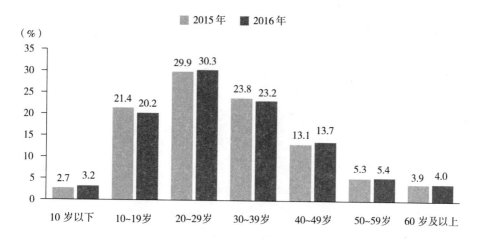

图 2-6　2015～2016 年中国网民年龄结构示意图

数据来源：CNNIC、中商产业研究院。

（三）学历结构

截至 2016 年 12 月，网民中具有中等教育程度的群体规模最大，初中、高中/中专/技校学历的网民占比分别为 37.3%、26.2%。其中，高中/中专/技校学历网民占比较 2015 年底下降了 3.0 个百分点。与 2015 年相比，小学及以下学历人群提升了 2.2 个百分点，中国网民继续向低学历人群扩散（见图 2-7）。

（四）职业结构

截至 2016 年 12 月，网民中学生群体的占比最高，为 25.0%，其次为个体户/自由职业者，比例为 22.7%（见图 2-8），企业/公司的管理人员和一般职员占比合计达到 14.7%，这三类人群的占比相对稳定。

四、企业互联网化

（一）基础互联网活动的开展

信息沟通类互联网应用。截至 2016 年 12 月，在接入互联网的企业中，

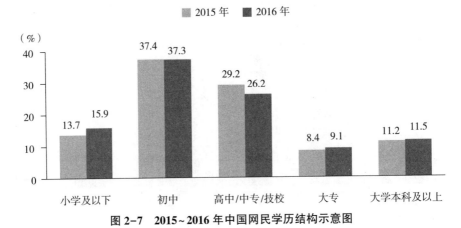

图 2-7　2015~2016 年中国网民学历结构示意图

数据来源：CNNIC、中商产业研究院。

有 91.9% 在过去一年使用过互联网发送或接收电子邮件，其中有 63.7% 的企业建有企业邮箱。此外，分别有 77.0%、73.3% 和 63.6% 的上网企业通过互联网了解商品或服务信息、发布信息或即时信息、从政府机构获取信息。

内部支撑类互联网应用。截至 2016 年 12 月，86.4% 的上网企业使用网上银行；82.3% 的上网企业在互联网上与政府机构互动、在线办事；使用互联网辅助基本人力资源管理的企业比例相比 2015 年有所上升，开展网络招聘、在线员工培训的企业比例分别达 61.7% 和 31.9%。

网络安全防护措施。截至 2016 年 12 月，有 92.4% 的企业采取了基本的网络安全防护措施。网络安全议题备受关注，企业需求日益迫切、要求逐渐提高，在网络安全保障方面的投入也随之不断增加。调查显示，在杀毒软件、防火墙上付费的企业（包括仅使用付费和免费、付费都使用）比例达 51.4%，相比 2015 年增加了 25 个百分点以上。

(二) 基层互联网专职岗位设置

截至 2016 年 12 月，有 42.4% 的企业在基层设置了互联网专职岗位，相比 2015 年的 34.0% 有大幅提升。100 人及以上规模的企业设置专岗的比例均超过一半，上升明显；但 50 人以下的小微企业发展缓慢，专岗设置比例相比 2015 年变化不大。

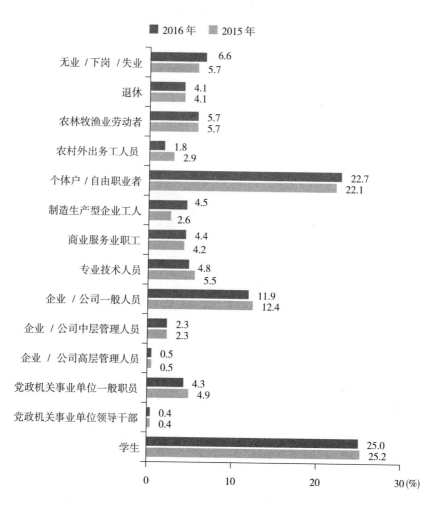

图 2-8 2015~2016 年中国网民职业结构示意图

数据来源：CNNIC、中商产业研究院。

（三）企业运营流程核心环节中的互联网应用

供应链各环节的互联网化改造。截至 2016 年 12 月，60.0%的上网企业部署了信息化系统，相比 2015 年提高了 13.4 个百分点。其中分别有 50.4%、28.2%和 25.9%的企业建有办公自动化（OA）系统、企业资源计划（ERP）系统和客户关系管理（CRM）系统。

网络安全防护系统建设。截至 2016 年 12 月，有 9.5% 的企业部署了网络安全硬件防护系统，另有 22.3% 的企业部署了软硬件集成防护系统。相比 2015 年，企业对软硬件集成防护系统建设的重视程度有所提升，仅部署软件防护的企业比例就下降了近 6 个百分点。

第四节　工业电商发展社会环境

一、全社会消费品零售总额

近年来中国消费品市场发展速度不断加快，规模不断扩大。消费品市场步入了快速发展期，同时中国商品流通领域发生了巨大变化，基本形成了四通八达的商品流通网络，各类商品市场空前发展。2015 年，全国社会消费品零售总额达 300931 亿元，比上年增长 10.7%，扣除价格因素，实际增长 10.6%。按经营地统计，城镇消费品零售额为 258999 亿元，增长 10.5%；乡村消费品零售额为 41932 亿元，增长 11.8%。按消费类型统计，商品零售额为 268621 亿元，增长 10.6%；餐饮收入额为 32310 亿元，增长 11.7%。

2016 年，全国社会消费品零售总额为 332316 亿元，比上年名义增长 10.4%（扣除价格因素实际增长 9.7%）（见图 2-9），增速与前三季度基本持平。其中，限额以上单位消费品零售额为 154286 亿元，增长 8.1%。按经营单位所在地分，城镇消费品零售额为 285814 亿元，增长 10.4%；乡村消费品零售额为 46503 亿元，增长 10.9%。按消费类型分，餐饮收入为 35799 亿元，增长 10.8%；商品零售为 296518 亿元，增长 10.4%，其中限额以上单位商品零售为 145073 亿元，增长 8.3%。通信和居住类商品增长较快，通信类器材增长 11.9%，家具增长 12.7%，建筑及装潢材料增长 14.0%。2016 年 12 月，社会消费品零售总额同比名义增长 10.9%（扣除价格因素实际增长 9.2%），环比增长 0.89%。

2016 年，我国网上零售额为 51556 亿元，比上年增长 26.2%。其中网上

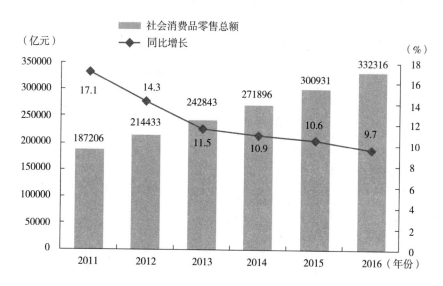

图 2-9　2011~2016 年中国社会消费品零售总额及增长速度

数据来源：国家统计局、中商产业研究院。

商品零售额为 41944 亿元，增长 25.6%，占社会消费品零售总额的比重为
12.6%。在网上商品零售额中，吃类商品增长 28.5%，穿类商品增长
18.1%，用类商品增长 28.8%。

二、全国居民收入增长分析

中国经济保持平稳较快发展，并始终把提高人民生活水平作为根本出发
点和落脚点，人民生活明显改善。全国城镇居民收入持续快速增长，消费水
平不断提高，整体生活质量显著改善。2015 年全国居民人均可支配收入为
21966 元，比上年名义增长 8.9%，扣除价格因素实际增长 7.4%。

2016 年，全国居民人均可支配收入 23821 元，比上年名义增长 8.4%，
扣除价格因素实际增长 6.3%（见图 2-10）。按常住地分，城镇居民人均可
支配收入为 33616 元，增长 7.8%，扣除价格因素实际增长 5.6%；农村居民
人均可支配收入为 12363 元，增长 8.2%，扣除价格因素实际增长 6.2%。城
乡居民人均收入倍差 2.72，比上年缩小 0.01。全国居民人均可支配收入中

位数 20883 元，比上年名义增长 8.3%。按全国居民五等份收入分组，低收入组人均可支配收入 5529 元，中等偏下收入组人均可支配收入 12899 元，中等收入组人均可支配收入 20924 元，中等偏上收入组人均可支配收入 31990 元，高收入组人均可支配收入 59259 元。全年全国居民人均消费支出 17111 元，比上年名义增长 8.9%，扣除价格因素实际增长 6.8%。全年农民工总量 28171 万人，比上年增加 424 万人，增长 1.5%。其中，本地农民工 11237 万人，增长 3.4%；外出农民工 16934 万人，增长 0.3%。农民工月均收入水平 3275 元，比上年增长 6.6%。

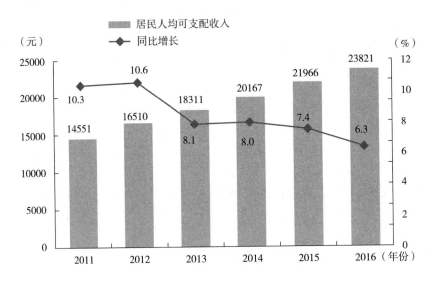

图 2-10　2011~2016 年中国居民人均可支配收入及增长速度

数据来源：国家统计局、中商产业研究院。

三、全国人口增长情况分析

2016 年末，全国（不包括香港、澳门特别行政区及台湾地区）总人口 138271 万人，比上年末增加 809 万人（见图 2-11），其中城镇常住人口 79298 万人，占总人口比重（常住人口城镇化率）为 57.3%（见表 2-2），比上年末提高 1.25 个百分点。户籍人口城镇化率为 41.2%，比上年末提高

1.3 个百分点。全年出生人口 1786 万人，出生率为 12.95‰；死亡人口 977 万人，死亡率为 7.09‰；自然增长率为 5.86‰。全国人户分离的人口 2.92 亿人，其中流动人口 2.45 亿人。

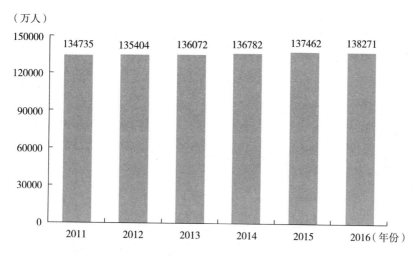

（万人）

图 2-11　2011~2016 年中国人口总量趋势

数据来源：国家统计局、中商产业研究院。

表 2-2　2016 年中国人口数及构成情况

指标	年末数（万人）	比重（%）
全国总人口	138271	100.0
其中：城镇	79298	57.3
乡村	58973	42.7
其中：男性	70815	51.2
女性	67456	48.8
其中：0~15 岁（含不满 16 周岁）	24438	17.7
16~59 岁（含不满 60 周岁）	90747	65.6
60 周岁及以上	23086	16.7
其中：65 周岁及以上	15003	10.8

数据来源：国家统计局、中商产业研究院。

四、中国网购的普及化发展

近年来我国互联网产业呈现蓬勃发展态势，网民数量不断增长，互联网与经济社会深度融合的基础更加坚实。随着我国网民规模和互联网普及率持续攀升，电商行业已进入全面纵深发展阶段。电子商务的快速发展在零售端不断驱动消费格局的重建，用户网络购物的消费习惯已逐步形成。截至2016年底，我国网络购物用户规模已经达到4.67亿人（见图2-12），较2015年底增加5345万人，同比增长12.9%。

随着移动互联网的迅速普及与移动支付手段的逐步完善，电商模式能够为用户提供不受时间和空间限制的便捷消费体验，对社会生活服务各领域的渗透进一步增强，与日常消费的结合更加紧密。从用户数来看，截至2016年底，我国移动端网络购物用户规模已达到4.41亿人，同比增长29.8%，移动端网络购物的使用率（占手机网民比例）由2015年的54.8%迅速提升至63.4%（见图2-12）。

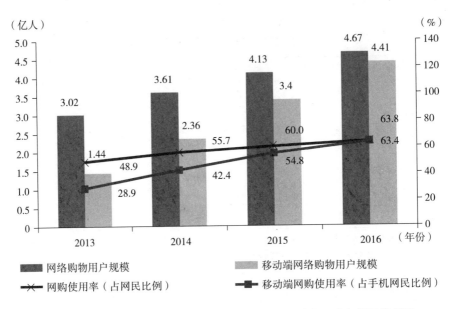

图 2-12 2013~2016 年中国网络购物/移动端网络购物用户规模及使用率

数据来源：CNNIC。

移动互联网不断发展成熟，手机网民数量大幅提升，成为带动网民增长的核心因素。从绝对值来看，手机网民数量从 2007 年的 0.50 亿人迅速增长至 2016 年的 6.95 亿人，年均复合增长率达 33.86%；从网民结构来看，2016 年底手机网民规模占比达到 95.1%，较 2015 年底提升 5.0 个百分点，移动端已经成为互联网接入的主流模式。

网络购物行业发展日益成熟，各家电商企业除了继续不断扩充品类、优化物流及售后服务外，也在积极发展跨境网购、下沉渠道发展工业电商。

五、工业电商人才发展概况

人力资源和社会保障部数据显示，2018 届全国高校毕业生人数达到 820 万。近年来随着工业电商行业的崛起，对应从业人才的需求也大量增加。当前我国工业电商人才需求方主要是从事企业间工业电商业务的企业、从事网上工业产品零售业务的企业、个人卖家或创业者和工业电商服务提供商，人才供应方的来源则主要是高等院校、培训机构和社会渠道。工业电商人才供需链如图 2-13 所示。

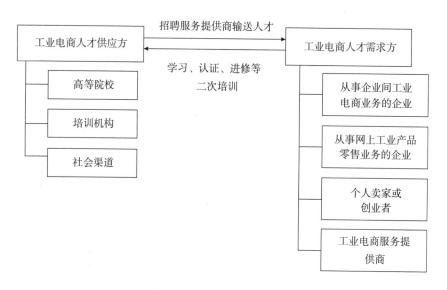

图 2-13　工业电商人才供需链构建

资料来源：中商产业研究院。

开展工业电商业务的企业是人才的主要需求方，这一趋势目前已越来越明显。此外，一部分人才经过学习和实践后自己成为卖家，或者被卖家所雇用。人才供应方的培训机构包括了高等院校、传统社会培训机构、传统职业认证培训机构、新兴的网络培训咨询机构等。人才供应方通过招聘服务提供商向人才需求方输送人才，招聘服务提供商包括专业网络招聘企业，如前程无忧、智联招聘、中华英才网等招聘平台，也包括各地人才市场以及企业自身的招聘团队。招聘服务提供商在企业和人才之间搭建了就业平台，建立了一个稳定高质的工业电商专业人才网。此外，有再就业和再次进修需求的人重新回到培训机构继续提升综合素质和技能。

截至 2016 年末，中国电子商务服务企业直接从业人员约 305 万，由电子商务间接带动的就业人数约 2240 万（见图 2-14）。直接就业人员方面，随着电商的规模化发展以及不断向农村市场下沉，更多的传统企业加入到电商的行列，带动了电商从业人员的不断攀升。间接带动就业人员方面，随着电子商务产业的迅猛发展，通过其衍生出来的新职业也如雨后春笋般涌现。

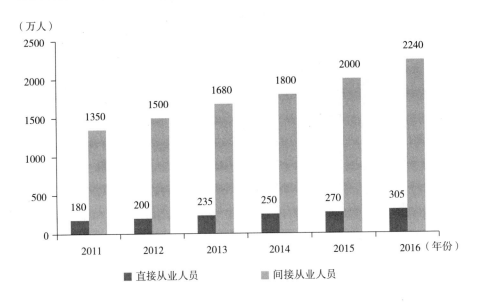

（万人）

图 2-14　2011~2016 年中国电子商务企业从业人员

数据来源：中国电子商务研究中心。

从我国电商服务的行业分布来看，主营产品中服装、鞋包占 45%，美妆、洗护占 14%，母婴、儿童消费品占 6%，百货、办公占 6%，3C、数码占 4%（见图 2-15）。其中，服装、鞋包和美妆、洗护仍位列电商前两大类目，而五金工具、建材等其他类目增长较快。随着电商各细分领域的产业发展，相应的工业电商人才需求量将急剧上升，目前主要集中和分布于消费品工业领域。在未来，随着我国大量的中小企业将深度应用工业电商、工业电商服务商规模的扩大以及创业热潮的兴起，将会产生更多的直接从业人员和间接就业人员。

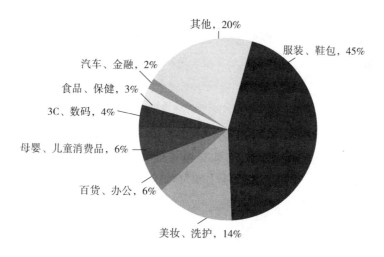

图 2-15 2017 年中国电子商务企业所属行业分布

数据来源：中国电子商务研究中心。

目前我国电商行业处于高速发展阶段，随着电商企业向纵深发展，竞争不断加剧。从我国电商行业的人才需求分析，侧面反映出工业电商急需运营、技术、推广销售、综合型高级管理等人才（见图 2-16）。伴随着工业电商企业的快速发展，对产品策划与研发的人才需求将不断上升，企业在产品前端布局的理念和行动都将不断加强。此外，未来工业电商领域将对具备整合企业中长期发展规划的电商战略人才以及既懂得线上数字技术又了解线下实践的复合型人才需求旺盛。

总体来看，在知识经济占主导地位的时代，人才的重要性愈发凸显。我国工业电商人才环境存在行业的快速发展与人才供应不足之间的矛盾、企业

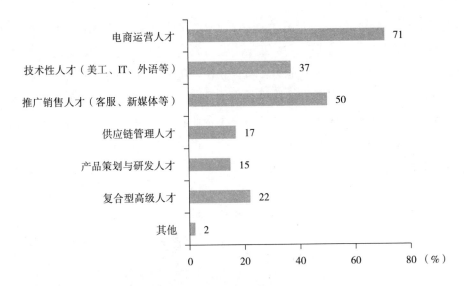

图2-16 2017年中国电子商务急需人才类型情况

数据来源：中国电子商务研究中心。

成本的上升与企业精益运营之间的矛盾以及企业对工业电商人才的要求与传统教育模式之间的矛盾。因此，对于工业电商企业来说，应当要有意识地完善内部牵引机制、激励机制、约束机制、竞争淘汰机制四大机制，营造良好的企业文化，并形成校企合作模式，共建实用的工业电商人才培训体系，以确保企业成长与人才成长的双赢局面。

中国工业电商运行状况分析

第三章

第一节　中国工业电商发展现状

随着我国工业经济结果调整的不断深入，传统工业企业电子商务应用遭遇瓶颈。2015年，全国规模以上工业企业电子商务交易额出现负增长，下调至34199.9亿元，在全国电子商务交易总额中的占比降为47.1%，同比下降7.7个百分点。2016~2017年，全国电子商务采购和销售应用拓展缓慢。但与此同时，工业电子商业创新发展展露新风貌，工业企业内部协同和产业链协同取得重要突破，社会化供应链体系初步显现；工业电子商务服务、盈利、管理模式及市场、产品交易范围实现全面升级；工业电子商务更持续成为B2B投资的关注焦点，引领新一轮投资浪潮。

工业电商是电子商务在工业流通、生产、服务全流程的深化应用。随着工业企业采购销售的在线化、网络化、协同化水平的提高，工业电子商务普及率略有提升。2015年，全国规模以上工业企业电子商务普及率为9.8%，较上年增长1.6个百分点，其中，规模以上制造业企业电子商务普及率为10.2%，高于全国总体水平0.6个百分点。虽然我国电子商务普及率还较低，但我国重点骨干工业企业电子商务普及率突破55%，大宗原材料、装备、电子信息、消费品等重点工业行业加速涌现出一批百亿级、千亿级的知名电子商务平台，在推动传统产业生产、管理和营销模式变革等方面取得积极成效。

总的来说，工业电商逐步成为我国工业企业转型升级，创建新型工业4.0业态，实现工业化与信息化深度融合，"互联网+制造业"的重要引擎。随着工业电商的进一步发展，我国有望大幅提升工业企业内部价值链，促进产业链协同升级，提高人民生活水平，贯彻绿色制造，走内涵式发展道路，并逐渐建立透明、公正、有序的市场秩序，加快市场流通速度，突破新型生产方式，快速响应消费者需求。

第二节　中国工业电商区域发展

一、总体概述

2017 年，我国重点骨干企业电子商务普及率达 55.1%，但比较来看，沿海地区电子商务普及率较高，全国差异较大，江苏省重点骨干企业电子商务普及率最高，为 67.3%；青海省普及率最低，为 36.1%（见图 3-1）[①]。

二、重点区域

（一）北京市朝阳区

朝阳区是北京市电子商务发展快速、交易活跃、基础雄厚、产业链完善的核心区域之一。朝阳区通过北京 CBD 商务节电子商务研讨会、首届中国 315 电子商务研讨会、科博会电子商务展等多项活动，扩大电子商务影响力。朝阳区信息服务业规模不断扩大，为工业电商发展提供了良好的技术环境，2014 年电子商务交易额 4000 亿元，其中 B2B 电子商务交易额 3200 亿元。

2016 年 11 月 24 日《朝阳区"十三五"时期信息化发展规划》发布，明确提出加快推动传统产业互联网化，加速工业化和信息化深度融合，创新智能制造模式，探索打造柔性化、智能化、绿色化的现代生产体系。大力扶持电子商务服务业发展，以建设国家工业电子商务区域试点为契机，完善电子商务支撑服务体系建设，推动工业企业利用电子商务实现转型升级。

此外，《朝阳区"十三五"时期信息化发展规划》对朝阳工业电子商务试点工程做了明确指示，其内容如下：

---

① 《中国两化融合发展数据地图（2017）》。

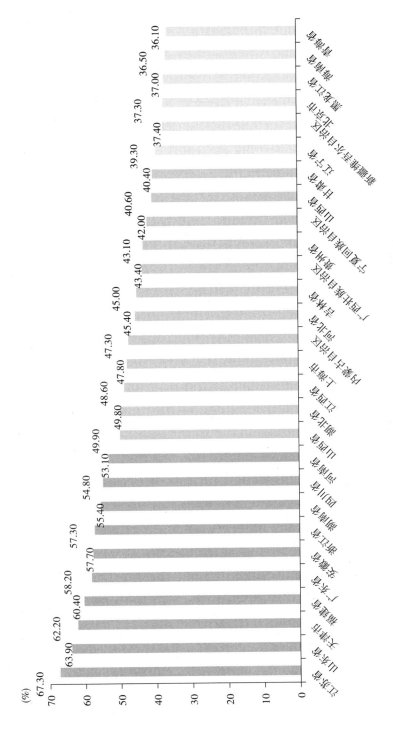

图3-1 2017年全国各省市区重点骨干企业电子商务普及率

数据来源：工业和信息化部。

构建工业电子商务支撑服务体系。以传统工业企业电子商务应用为支撑，围绕全产业链的重点环节为切入点，构建工业电子商务信息/交易平台服务体系、支付结算服务体系、信息技术支撑服务体系、研发创新服务体系、安全信用服务体系为主的五个方面的工业电子商务支撑服务体系。优化工业电子商务发展环境，依托朝阳区现有产业政策支持工业电子商务企业发展，吸引和培育工业电子商务人才。

培育引进工业电子商务领域龙头企业。支持本区企业运用物联网、云计算等新一代信息技术实施一批工业电子商务创新项目，支持本区电子商务服务企业为工业企业实施电子商务提供技术、平台、资源等方面的服务，积极引进在工业电子商务领域具有较强影响力的龙头企业，培育具有较大发展潜力和市场前景的工业电子商务创新创业企业。

统筹规划工业电子商务产业布局。依托在京央企和跨国企业电子商务中心，集聚工业电子商务产业链上下游服务企业，形成"1个创新高地+N个基地"。推动中关村电子城区域建设成为北京市工业电子商务新业务、新业态高度集中的创新应用聚集高地，在望京、垡头、CBD、定福庄等区域打造一批工业电子商务特色基地。

（二）天津市北辰区

天津市北辰区是天津环城四区之一，是天津市的老工业基地和经济强区，工业基础雄厚。2014年被评为"国家工业电子商务区域试点"，在医药、装备、印刷等行业探索工业与电子商务融合的新途径。2014年，北辰区实现地区生产总值867.0亿元，实现工业增加值520.8亿元。规模以上工业企业607家，总产值达2120.8亿元，主营业务收入达2379.3亿元，实现利润总额238.6亿元。

北辰区高度重视工业电子商务在"调结构、转方式"中的重要作用，积极采取措施促进工业电子商务创新发展，倒逼制造业转型升级，实现弯道超车。

2016年，《北辰区国民经济和社会发展第十三个五年规划纲要》明确指出，在电子商务方面以B2B、O2O交易为重点，推广天士力大健康网营销模式和九州通医药物流分销模式，扩大医药交易及相关专业电子商务平台规模。推进工业电子商务区域示范试点，聚焦现代医药、印刷、建筑建材、轨道交通等领域，引进培育一批电子商务服务企业。搞好 10~20 个企业试点，建设 2~3 个工业电子商务平台，打造 1~2 个特色电子商务园区。

近年来，北辰的经济发展取得了巨大成就，2016 年，全区生产总值（GDP）1050.2 亿元，按可比价格计算比上年增长 10.8%。全年工业增加值 584.1 亿元，增长 11.8%；其中，规模以上工业增加值增长 11.4%。规模以上工业企业 555 家，总产值 2537.3 亿元，增长 6.3%。2016 年北辰区工业生产实现平稳增长，主要是优势产业带动作用明显，全年优势行业（装备制造业、生物医药产业、新能源新材料业、电子信息产业）实现产值 2139.5 亿元，增长 8.6%，占规模以上工业的 84.3%，拉动全区规模以上工业增长 7.1 个百分点。

(三) 上海市宝山区

上海宝山区是宝钢的所在地，宝山也是全国重要的工业基地、能源基地和港口城市。作为传统的老工业区，宝山近年来不断加快产业转型升级步伐，大力推进"产业+互联网"，2009 年就已成为上海市首批电子商务创新示范基地，并于 2014 年底在工业和信息化部及上海市经济贸易委员会的大力支持下，被认定为全国首家"中国产业互联网创新实践区"及全国 6 家"国家工业电子商务区域试点"之一。

近年来，宝山电子商务持续快速发展，交易规模不断扩大，年均增速达 30% 以上。2014 年宝山区工业销售产值 1607 亿元，与之相对应的是，电子商务实现交易额 1198 亿元，其中 B2B 交易额占 96% 以上的比重，为 1151 亿元，同比增长 53.2%。特别是钢铁等大宗商品电子商务交易发展迅猛，已逐渐成为宝山工业电子商务发展特色，交易规模占比持续提高，2014 年相关重点企业共实现电子商务交易额达 1073 亿元，占全部电子商务交易额的比重近 90%。可以说，宝山已成为全国最大的钢铁电商平台集聚地。

自获得工业和信息化部认定以来，宝山区积极贯彻落实工业和信息化部关于工业电子商务区域试点工作的有关要求，重点围绕"区域大型工业企业电子商务协同"试点方向，结合宝山区域实际，主要开展了一系列的工作。在加强顶层设计方面，重点围绕"区域大型工业企业电子商务协同"试点方向，经深入调研和专家研讨，研究形成《国家工业电子商务区域试点工作实施方案》，将以宝钢"欧冶云商"平台为核心，带动与钢铁产业相配套的制造、物流、金融、研发、数据服务等资源整合协同，逐步实现宝钢集团内部资源协同与宝山区域经济协同发展。

目前，上海宝山区围绕钢铁主导产业，依托宝钢集团核心龙头企业，已经构建了"1+6"电子商务平台体系，即以工业电子商务平台为支撑，整合全产业链、全价值链产品和服务，构建涵盖智能制造、供应链金融、大数据分析、钢贸交易、研发设计、物流配送六大类产业服务的钢铁行业综合服务体系，打造面向全球、立足上海、辐射全国的钢铁全行业"开放合作、共享共赢"的新型产业生态。2015 年上海宝山区平台经济发展势头良好，全年实现电子商务交易额 985.4 亿元，比上年增长 31.6%。其中 B2B 交易额 963.2 亿元，B2C 交易额 22.2 亿元。

（四）河南省安阳市

安阳是豫北工业中心，初步形成了冶金建材、装备制造、煤化工、食品医药 4 个主导产业和纺织服装、电子信息、新能源 3 个优势产业的工业体系，拥有安钢集团、安阳卷烟厂、安彩高科、安化集团、沙钢永兴、林州重机等一批重点企业。

全市电商发展气氛浓厚，大力推动电子商务产业发展，把工业电子商务作为产业转型升级的重要抓手，带动第一产业，提升第二产业，拓展第三产业，持续推进信息化和工业化深度融合，把工业电子商务作为重要战略性新兴产业和城市经济重要支柱来抓，推动安阳市工业电子商务应用从分散到集聚、从低效到高效、从实现应用到创新的转变。加大中小企业电子商务转型力度，推动电子商务成为调结构、转方式的重要动力和促进就业的主要途径。

2016 年，安阳市电子商务发展态势良好，全市开展网络营销的生产企业及批发零售企业达 1000 余家，个人在电商平台开设店铺达 5000 多家，中小企业应用电商比例接近 30%。创建电子商务省级示范基地 2 个，省级示范企业 4 家。豫北跨境电商园、安阳市电商综合产业园（易商谷）等 6 家重点园区建成。和电子商务交易技术国家工程实验室合作的安阳师范学院"互联网+"应用技术学院正式挂牌成立。依托"出口易"跨境交易平台、中原钢材现货网、中国铁合金现货交易网、扁担百百网、邮乐网等一批本土特色应用平台快速发展。电子商务精准扶贫工作加快推进,电子商务"进农村"工程已在全市1189个行政村开通建设了电子商务服务站点。2016年,安阳市规模以上工业企业增加值765.7亿元,增长7.3%。其中,轻工业增加值204.5亿元,增长10.7%;重工业增加值561.2亿元,增长6.1%。高新技术增加值增速达17.4%。规模以上工业企业898家,营业收入亿元以上企业424家,其中100亿元以上企业4家,50亿元以上企业10家,10亿元以上企业62家。

(五) 湖北省孝感市孝南区

孝感市孝南区地处江汉平原北部,居武汉城市圈核心圈层,是孝感市唯一的市辖区和全国"两型社会"建设先行区。2014年底,全区共有规模以上企业131家,开展电子商务活动的企业有100家,占76%,从业人员超过400人,电子商务交易额突破20亿元,达到21.2亿元,占企业销售额的15%。

孝南区的试点方向是工业电子商务与物流集成协同发展,到试点期末力争使全区工业电子商务交易总额突破60亿元,培育10家以上工业电子商务龙头企业,建设1~2个具有代表性的工业电子商务网络交易平台。

试点的主要工作内容:一是加快推进工业电子商务平台建设步伐。以纸制品、现代森工为代表的传统特色产业集群,在该领域内具有独特优势的新兴产业和具有孝文化特色的地方特色产业等三个领域,加快建设电子商务和物流集成平台建设步伐。二是加快物流信息平台建设。整合现有物流企业信息网络平台,整合市周边地区的物流资源,构筑孝南的物流网络服务管理平台。鼓励生产企业、商业企业、流通企业积极发展物流经营的同时,在发挥现有物流设施作用的基础上,规划区域物流平台发展,明确短、中、长期发展目标,做好物流平台相关设施发展的衔接工作,使物流平台达到系统化、集成化。建设以电子服务系统、物流服务系统、电子交易系统等为基础的物流信息系统,从而构筑物流企业、物流园区、职能服务部门之间的无缝衔接。

三、重点园区

在工业电子商务应用不断深入的过程中,涌现出一批以东营经济技术开发区、东北袜业纺织工业园、宁波大榭开发区等为代表的典型工业园区,通过第三方平台引进、电子商务联盟建设、"一站式"服务体系培育等途径不断深化电子商务在推进产业转型升级中的重要作用,打造园区发展新优势。

东营经济技术开发区位于山东省,成立于 1992 年,2010 年 3 月升级为国家级经济技术开发区,是国家高新技术产业标准化示范区,全区累计批准进区加工制造业项目 529 个,总投资 517 亿元,并着力发展有色金属、新材料、汽车及零部件、石油装备制造等主导产业。园区通过与北京中联光采科技有限公司合作,积极引进了服务于石化行业的大型 B2B 电子商务交易平台——采光网,努力为东营石化企业做好工业品采购服务,拓宽了采购渠道,降低了采购成本,优化了采购方案,整合行业资源,有效优化了中国石化产业供应链,促进了行业产业结构转型升级。

东北袜业纺织工业园以棉袜产业为主,拥有各类企业 636 户,织袜机 2.3 万台(套),棉袜产值 50 亿元。园区成立了东北袜业电子商务联盟,于 2013 年 11 月建立了辽源电子商务园区,是吉林省内第一家投入运营的电子商务园区。现在,园区已投入办公面积 23000 平方米,主要以棉袜、内衣生产加工及销售为主,产能丰富,产业链齐全,配套设施完善。为了扶持更多企业进入电子商务领域,园区建立了电子商务公共平台、人才培训创业基地、电商企业孵化基地、企业外包托管中心和信息技术交流中心。为帮助企业有效地降低成本,开拓网上销售途径,使企业获得更专业的服务,提高工作效率,园区还成立了阿里巴巴产业带代运营中心,满足企业对拓展电子商务战略的需求。从最初只有两户电商企业发展至今已有 210 家电商入驻。2016 年,园区电子商务交易总额达 21000 万元。

宁波大榭开发区是长三角重要的临港石化产业基地之一,2016 年总产值 1400 亿元,年吞吐量 9000 多万吨。为进一步拓展园区企业发展空间,开发区与国烨跨境电商合作,从金融、仓储、物流等方面全力打造"一站式"跨境服务体系，由此推动园区信息流、物流、资金流的协同优化，深化园区产业集群化、国际化发展。

第三节　中国工业电商交易规模

一、电商采购普及率前十大工业

全国总体工业电商采购普及率为36.83%。其中，文教、工美、体育和娱乐用品制造业，仪器仪表制造业和汽车制造业位居前三，电商采购普及率分别为55.65%、50.00%和49.22%（见表3-1）。

表3-1　电商采购普及率前十大工业

排名	行业	电商采购普及率（%）
1	文教、工美、体育和娱乐用品制造业	55.65
2	仪器仪表制造业	50.00
3	汽车制造业	49.22
4	计算机、通信和其他电子设备制造业	46.53
5	家具制造业	44.74
6	金属制品业	44.55
7	食品制造业	43.07
8	造纸和纸制品业	42.94
9	电气机械和器材制造业	42.81
10	石油加工、炼焦和核燃料加工业	42.39

数据来源：工业和信息化部。

二、电商销售普及率前十大工业

全国总体工业电商销售普及率为 37.64%。其中，烟草制造业，仪器仪表制造业和文教、工美、体育和娱乐用品制造业位居前三，电商销售普及率分别为 60.00%、57.46% 和 57.39%（见表 3-2）。

表 3-2   电商销售普及率前十大工业

排名	行业	电商销售普及率（%）
1	烟草制造业	60.00
2	仪器仪表制造业	57.46
3	文教、工美、体育和娱乐用品制造业	57.39
4	家具制造业	55.26
5	食品制造业	51.18
6	汽车制造业	48.36
7	酒、饮料和精制茶制造业	47.50
8	农副食品加工业	46.89
9	金属制品业	46.86
10	印刷和记录媒介复制业	45.00

数据来源：工业和信息化部。

三、网上采购额占比前十大工业

全国工业电商采购额占工业采购额的比重为 20.76%。其中，石油和天然气开采业、汽车制造业和家具制造业位居前三，网上采购额占比分别为 95.82%、72.12% 和 56.21%（见表 3-3）。

表3-3 网上采购额占比前十大工业

排名	行业	网上采购额占比（%）
1	石油和天然气开采业	95.82
2	汽车制造业	72.12
3	家具制造业	56.21
4	医药制造业	55.91
5	其他采矿业	52.26
6	酒、饮料和精制茶制造业	45.06
7	烟草制造业	44.65
8	电力生产和供应业	43.08
9	化学纤维制造业	30.61
10	印刷和记录媒介复制业	27.80

数据来源：工业和信息化部。

四、网上销售额占比前十大工业

全国工业电商销售额占工业销售额的比重为1.32%。其中，烟草制造业、家具制造业和黑色金属矿采选业位居前三，网上销售额占比分别为92.35%、49.60%和35.31%（见表3-4）。

表3-4 网上销售额占比前十大工业

排名	行业	网上销售额占比（%）
1	烟草制造业	92.35
2	家具制造业	49.60
3	黑色金属矿采选业	35.31
4	汽车制造业	30.54
5	石油和天然气开采业	22.69

续表

排名	行业	网上销售额占比（%）
6	文教、工美、体育和娱乐用品制造业	21.08
7	其他采矿业	16.82
8	印刷和记录媒介复制业	15.07
9	专用设备制造业	13.97
10	金属制品业	13.07

数据来源：工业和信息化部。

第四章

广东省工业电商发展环境

第一节　广东省工业电商宏观环境

一、广东 GDP 增长情况分析

广东经济对全国经济增长发挥了重要的支撑作用，经济总量稳步提升，自 1989 年以来连续 28 年稳居全国各省市第一。2013 年突破 6 万亿元大关；2015 年突破 7 万亿元大关，达到 7.28 万亿元；2016 年接近 8 万亿元，达到 7.95 万亿元（见图 4-1），占全国的 10.3%。如果把广东当作一个独立的经济体，在世界排位约居第 16 位。2017 年上半年，广东经济总量已达 4.20 万亿元，占上年全年的 52.8%。

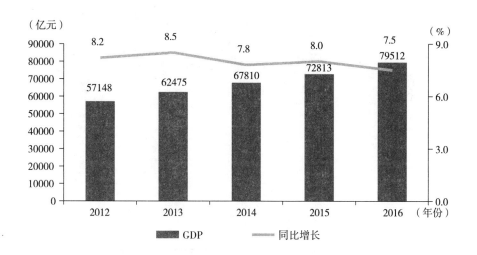

图 4-1　2012~2016 年广东省 GDP 总量及增速

数据来源：广东省统计局。

在经济增长稳居全国各省市第一的同时，广东经济保持了中高速增长。2013~2016 年，广东 GDP 年均增速为 7.9%（以 2012 年为基期，下同），比全国同期高 0.7 个百分点，远高于世界同期约 2.5% 左右的年均增速。2016 年，广东地区生产总值增速比全国高 0.8 个百分点；2017 年上半年，广东地区生产总值同比增长 7.8%，增幅高于全国 0.9 个百分点，经济发展稳定。

二、工业经济发展形势分析

近年来，广东省工业增加值逐年增长，增长速度有所回落。广东大力推进战略性新兴产业发展，电子、装备制造、石化等产业布局更趋成熟和合理，技术层次进一步提升。2016 年全省规模以上工业企业累计完成工业增加值突破 3 万亿元，达 31539.56 亿元，同比增长 6.4%（见图 4-2），其中，制造业中，电子、电器、汽车三大支柱产业发展良好，对全省经济增加值贡献率较大，计算机、通信和其他电子设备制造业增长 11.4%，汽车制造业增长 14.2%。

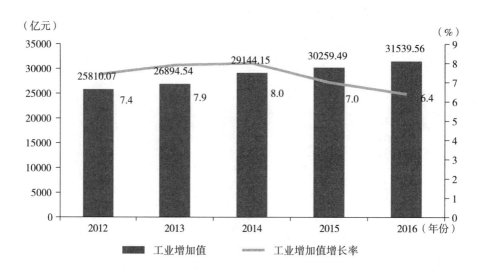

图 4-2 2012~2016 年广东省工业增加值及增长速度

数据来源：广东省统计局。

广东工业转型升级向高端化演进。广东先进制造业增加值占规模以上工业的比重从 2012 年的 48.1% 提高到 2016 年的 49.3%，高技术制造业增加值占规模以上工业的比重从 2012 年的 24.1% 提高到 2016 年的 27.6%。2017 年上半年，先进制造业（增长 10.6%）和高技术制造业增加值（增长 14.2%）占规模以上工业增加值的比重分别为 52.7% 和 27.8%，比上年同期分别提高 1.5 个和 0.6 个百分点，占比进一步提升。

与此同时，企业加大技术改造力度，提升技术与品牌，提高产品核心竞争力，制造业加速从规模导向走向品质导向。全省六成的产值、超八成的研发投入和新兴产业发展较快，近四年来工业技术改造投资超过 1 万亿元，工业全员劳动生产率提高到 23.24 万元/人·年。珠三角作为国家自主创新示范区起到龙头带动作用，2016 年珠三角先进制造业和高技术制造业增加值占规模以上工业比重分别达到 54.9% 和 32.5%，同比提升 1.0 个和 0.7 个百分点；珠江西岸"六市一区"先进装备制造业增加值增长 13.3%。华为、中兴、腾讯、美的、格力、广汽、比亚迪等一批本土大型骨干企业茁壮成长，年主营业务收入超百亿、超千亿企业总数分别达到 243 家和 23 家。2017 年上半年，珠三角先进制造业和高技术制造业增加值占规模以上工业比重分别为 56.1% 和 32.0%；珠江西岸"六市一区"先进装备制造业增加值增长 14.2%。

三、社会固定资产投资分析

广东通过实施扩大有效投资一系列重大举措，实现了固定资产投资的持续稳定较快增长，夯实了广东经济健康稳定增长的基础。固定资产投资总额在 2013 年突破 2 万亿元大关（2.28 万亿元），2015 年突破 3 万亿元大关（见图 4-3）。2011~2015 年，第一产业累计完成投资 1600.19 亿元，年均增长 19.5%，增幅比整体投资高 2.9 个百分点。第二产业累计投资 38127.00 亿元，年均增长 17.5%，增幅比整体投资高 0.9 个百分点。其中，工业投资 37895.13 亿元，第二产业比重为 99.4%，年均增长与第二产业持平。2015年，先进制造业完成投资 3898.73 亿元，比 2014 年增长 25.4%，占工业投资的比重为 38.4%；高技术制造业完成投资 1366.55 亿元，比 2014 年增长 35.8%，占工业投资的比重为 13.5%。第三产业累计投资 75119.51 亿元，年均增长 16.0%。其中，文化产业完成投资 5219.81 亿元，年均增长 19.5%；信息产业完成投资 5907.89 亿元，年均增长 10.7%；房地产开发完成投资

32859.09 亿元，年均增长 16.2%。

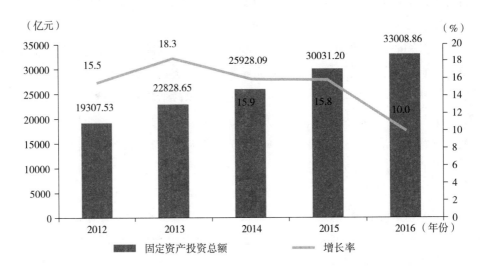

图 4-3　2012~2016 年广东省固定资产投资总额及增速

数据来源：广东省统计局。

受工业投资、民间投资增速创年内新低的影响，2016 年广东固定资产投资增速呈现回落态势，创 2001 年以来最低年度增速。2016 年，广东固定资产投资（不含农户）33008.86 亿元，同比增长 10.0%。其中，项目投资 22701.06 亿元，增长 5.6%；房地产开发投资总量超万亿元，达 10307.80 亿元，增长 20.7%，总量居全国第一。与全国及东部主要省份相比，广东整体投资增速分别高于全国和东部地区 1.9 个、0.9 个百分点。2017 年上半年，广东固定资产投资 15482.32 亿元，同比增长 14.6%，为 2016 年以来的最快增速。其中，项目投资 10112.05 亿元，增长 11.2%；房地产开发投资 5370.26 亿元，增长 19.0%。

四、全社会消费品零售总额

广东经济稳健增长，民生保障持续改善，社会消费能力不断提升，消费品市场规模持续扩大。2012~2016 年，全省社会消费品零售总额增速分别为

11.7%、12.2%、11.9%、10.1%和10.2%（见图4-4），大体呈现逐年回落态势，但仍保持两位数较快增长。

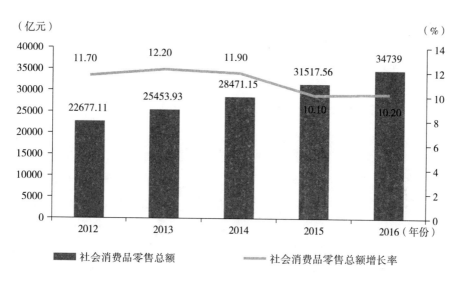

图4-4 2012~2016年广东省社会消费品零售总额及增速

数据来源：广东省统计局。

从全国范围来看，广东社会消费品零售总额连续32年居全国首位，2015年实现社会消费品零售总额31517.56亿元，比位列第二、第三的山东、江苏分别高3756.15亿元和5640.76亿元。2016年全年社会消费品零售总额为34739.00亿元，比上年增长10.2%。分地域看，城镇消费品零售额30418.16亿元，增长10.2%，城市大型商贸中心辐射能力增强，特色商业街提档升级、规范发展，社区商业综合服务功能提升，城镇现代商业体系日趋完善。与此同时，伴随国家一系列惠农政策措施的实施，农村商品流通网络进一步完善，农民增收潜力进一步被挖掘，农村消费品市场发展步伐加快，农村消费品零售额4320.84亿元，增长10.6%。

随着互联网与电子商务技术的日臻成熟，电子商务迅猛发展，为消费品市场发展注入新的活力。2015年，全省实现网上商品零售额8251.0亿元，比上年增长27.7%，占全省社会消费品零售总额的26.2%，拉动全省社会消费品零售总额增长6.2个百分点。网络购物以其较大的价格优势、丰富的购物选择、方便的购物方式，受到越来越多消费者的青睐。传统商贸企业主动顺应城乡居民消费模式的改变，积极调整经营方式，大力拓展电子商务，努力实现线上线下资源互补和协同发展。2015 年，全省限额以上批发零售业通过公共网络实现商品零售额 820. 32 亿元，增长 52.9%，拉动限额以上批发零售业零售额增长 2.2 个百分点，对限额以上批发零售业零售额增长的贡献率为 43.1%。

五、全省居民收入增长分析

广东省居民收入不断增长，城镇居民人均可支配收入增长速度逐年放缓，2016 年增速为 5.9%（见图 4-5）；农村居民人均可支配收入增速近三年也有所下降，2016 年为 6.5%（见图 4-6），仍保持较高水平，城乡收入差距不断缩小。

可支配收入结构略有改善。工资性收入占比最高，呈逐年缓慢下降趋势，2013 年工资性收入占比为 73.8%，2016 年占比下降为 70.5%，仍保持较高水平；财产净收入占比逐年缓慢上升，2013 年财产净收入占比为 8.4%，2016 年占比上升为 10.2%。

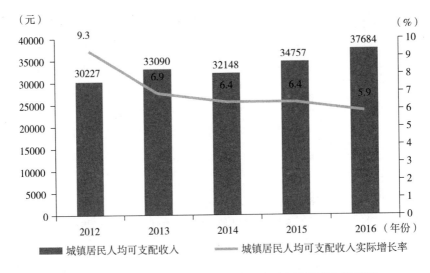

图 4-5　2012~2016 年广东省城镇居民人均可支配收入及增速

数据来源：广东省统计局。

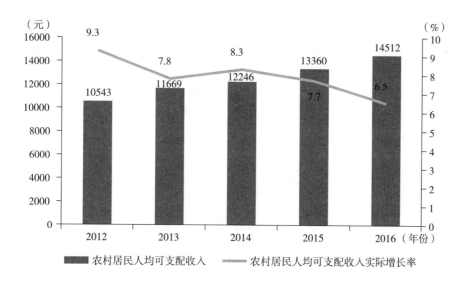

图 4-6 2012~2016 年广东省农村居民人均可支配收入及增速

数据来源：广东省统计局。

六、居民消费价格变化分析

2016 年广东省全年居民消费价格总水平上涨 2.3%（见图 4-7），其中，城市上涨 2.4%，农村上涨 2.0%。分类别看，食品、烟酒类上涨 4.8%，衣着类上涨 2.7%，居住类上涨 1.7%，生活用品及服务类上涨 0.2%，交通和通信类下降 1.5%，教育文化和娱乐上涨 1.4%，医疗保健类上涨 2.8%，其他用品和服务类上涨 2.8%。工业生产者出厂价格下降 0.6%，其中能源类下降 4.5%，高技术类下降 0.1%；轻工业上涨 0.7%，重工业下降 1.3%；生产资料下降 1.4%，生活资料上涨 0.8%；初级产品下降 5.5%，中间产品下降 0.7%，最终产品下降 0.4%；采矿业下降 4.1%，制造业下降 0.4%，电力、热力、燃气及水的生产和供应业下降 2.3%。工业生产者购进价格下降 2.0%，其中初级产品下降 4.5%，中间产品下降 1.6%；燃料、动力类下降 5.2%，黑色金属材料类下降 2.8%，有色金属材料及电线类下降 2.7%，化工原料类下降 2.1%，木材及纸浆类下降 0.2%，建筑材料及非金属类下降

4.0%，其他工业原材料及半成品类下降0.8%，农副产品类下降0.4%，纺织原料类下降1.1%。固定资产投资价格上涨0.3%。农产品生产者价格上涨6.5%，其中，谷物下降1.3%，蔬菜上涨15.0%，水果上涨10.5%，油料上涨2.9%，牧业产品上涨9.2%。

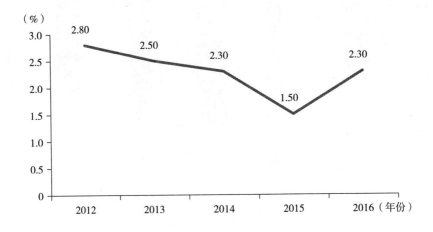

图4-7　2012~2016年广东省居民消费价格涨跌幅度

数据来源：广东省统计局。

七、对外贸易发展形势分析

进出口贸易规模稳步扩大。2016年进出口总额9552.86亿美元，其中，出口5985.64亿美元，进口3567.21亿美元（见图4-8），进出口差额（出口减进口）2418.43亿美元。

进出口结构不断优化。一般贸易占进出口总额比重从2012年的33.46%提高到2016年的43.58%，加工贸易比重则从2012年的53.86%下降至2016年的38.79%。2016年一般贸易出口占全省出口的43.58%。贸易伙伴更趋多元化，在巩固同美国、欧洲及中国香港三大传统贸易伙伴关系的基础上，与新兴市场国家的贸易往来快速发展，近两年与"一带一路"沿线国家的贸易水平优于整体水平。

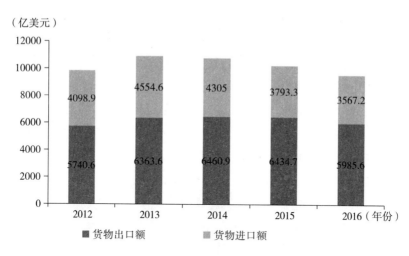

（亿美元）

图 4-8　2012~2016 年广东省货物进出口额

数据来源：广东省统计局。

利用外资情况保持稳定增长态势，利用外资从追求量的扩大转向质的提高。2012~2016 年，广东累计实际使用外商直接投资 2571.51 亿美元。其中，2016 年实际使用外商直接投资 866.75 亿美元。外商投资领域向高技术产业、服务业特别是金融、保险、民生等服务业拓展的趋势日益明显。

自贸区建设取得重大突破，2015 年广东自由贸易试验区正式挂牌成立，包括南沙、前海和横琴三大片区，更加积极有效地参与丝绸之路经济带和 21 世纪海上丝绸之路合作建设，参与境外产能和装备制造合作，推动国际物流大通道建设，加强与沿线国家的经贸合作。

第二节　广东省工业电商政策环境

一、工业电商行业相关监管体制

电子商务行业实行准入管理，行政主管部门是通信管理局。通信管理局是广东省通信行业的主管部门，实行工业和信息化部与广东省人民政府双重领导，以工业和信息化部为主的管理体制。广东省通信管理局主要负责执行通信行业管理政策法规，规划公用通信网、互联网、专用通信网，管理电信与信息服务市场等。同时，电子商务行业的自律性组织是中国电子商务协会，主要面向与电子商务有关的企业、实业单位和个人，负责推动整个电子商务行业的发展。

广东省的电子商务起步较早，1996年省政府就率先颁布了《广东省对外贸易实施电子数据交换（EDI）暂行规定》；1999年广东邮政电子商务正式开通，在全国率先实现了"网上购物、网上支付、物品到位"三位一体的完整电子商务；2003年2月1日，广东省在全国实施第一部地方电子商务法律——《广东省电子交易条例》。近年来，在互联网经济发展浪潮中，广东省电子商务发展一直处于全国前列，其监管体制后期也将不断完善。

二、工业电商行业相关政策规划

广东省工业电商相关政策规划如表4-1所示。

表4-1　广东省工业电商相关政策规划汇总

序号	政策名称	主要内容	文号	时间
1	《广东省降低制造业企业成本支持实体经济发展的若干政策措施》	2017～2020年省财政对企业开展数字化、网络化、智能化和绿色化技术改造给予重点支持。将技术改造普惠性事后奖补政策享受范围，放宽到省内符合国家产业政策和《广东省工业企业技术改造指导目录》、取得技术改造投资项目备案证的，且主营业务收入1000万元以上的工业企业	粤府〔2017〕90号	2017年8月24日

序号	政策名称	主要内容	文号	时间
2	《广东省落实〈工业和信息化部广东省人民政府合作框架协议〉实施方案》	建设珠三角制造业与互联网融合发展示范城市带。建立制造业应用需求库、"新四基"能力供给库，推动供需双方精准对接。推进工业云平台建设，培育一批制造业与互联网融合发展应用示范项目。建设工业互联网标识解析国家顶级节点，推动超高速无线局域网在工业领域应用。持续扩大两化融合贯标试点规模	粤府函〔2017〕186号	2017年7月26日
3	《广东省工业和信息化领域生产性服务业发展"十三五"规划》	推动信息技术应用于生产性服务业，推动生产性服务业发展成果应用于工业和信息产业，提高工业和信息产业附加值；通过"两化融合"促进服务化发展，通过服务化发展为"两化融合"拓展空间，实现工业化、信息化和服务化深度融合	粤发改服务函〔2017〕1873号	2017年4月17日
4	《广东省降低实体经济企业成本工作方案》	充分发挥"互联网+"作用。充分运用互联网、物联网、云计算等新一代信息技术，改进生产经营模式。支持企业利用电子商务拓展市场、降低生产经营成本	粤府〔2017〕14号	2017年3月2日
5	《广东省人民政府关于深化制造业与互联网融合发展的实施意见》	建设工业电子商务平台。支持大企业牵头建设钢铁、机械、化工、纺织等工业电子商务垂直平台，推进工业电子商务支撑体系集成创新、大型工业企业电子商务协同、行业性电子商务平台、工业电子商务和物流集成创新等领域的工业电子商务创新项目建设。依托广州、深圳、东莞、汕头、揭阳等国家电子商务试点示范城市，加快工业电子商务集聚区建设	粤府〔2016〕107号	2016年10月14日

续表

序号	政策名称	主要内容	文号	时间
6	《广东省大力发展电子商务加快培育经济新动力的实施方案》	到2020年，全省电子商务交易总额和电子商务服务业整体规模继续保持全国领先地位，电子商务交易额年均增长20%左右，电子商务带动的新技术、新业态、新模式、新产业不断涌现，与之配套的基础设施、技术标准及网络建设水平明显提升，电子商务与制造业、零售业、服务业、金融业等产业融合发展格局基本建立，成为促进创业、稳定就业、改善民生服务的重要平台	粤府〔2016〕41号	2016年5月19日
7	《广东省人民政府关于贯彻落实〈中国制造2025〉的实施意见》	加强电子商务服务体系建设，开展工业电子商务区域试点，加快第三方电子商务综合服务平台发展，支持各地建设电子商务产业基地和园区。到2017年，培育30个省级生产性服务业功能区、10家国家级工业设计中心，社会物流总费用占GDP比重下降到14.5%左右，电子商务交易额突破5.6万亿元；到2020年，社会物流总费用占GDP比重下降到14%左右，电子商务交易额超过8万亿元，制造业服务化新业态新模式不断涌现，生产性服务业增加值占服务业比重进入国内领先水平；到2025年，社会物流总费用占GDP比重达到国际先进水平，供应链专业化应用水平进入世界领先行列，规模以上企业基本实现电子商务应用	粤府〔2015〕89号	2015年9月25日

资料来源：中商产业研究院。

第三节 广东省工业电商技术环境

一、网络基础设施

当前，广东省光纤网络建设明显滞后，光纤端口占比居全国第 18 位，8 兆以上宽带用户占比居全国第 30 位，20 兆以上宽带用户占比居全国第 27 位，100 兆、50 兆以上宽带用户数分别为 590 万户、1058.9 万户，占比分别为 20.7%、37.9%，光纤接入用户占比 66.2%，低于全国 76.6% 的平均水平，居全国第 28 位。城乡区域发展不平衡问题突出，粤东西北地区光纤入户率 44.7%，远低于珠三角的 71.5%；全省农村光纤接入用户 552 万户，仅占总数的 28%。

广东省计划 2017～2020 年投资约 1390 亿元，建设 4G/5G 移动通信网络、高速传输光纤网络、移动通信站、新型数据中心等项目 16 项。推进下一代互联网及光网城市、4G 及无线宽带城市、通信数据中心及调度中心、三网融合及新兴网络应用、超高速无线局域网等建设，建成高速、移动、安全、泛在的新一代信息基础设施，全省固定宽带普及率达到 45% 以上，珠三角宽带网络基础设施水平迈入世界先进行列。信息基础设施对粤东西北地区的经济发展升级带动作用显著增强，为全省"互联网+"、云计算、智能制造、智慧城市建设提供强支撑。

二、电子商务技术

电子商务的技术主要涉及五个方面，包括网络技术、Web 浏览技术、数据库技术、安全技术以及电子支付技术。

网络技术。电子商务的发展是建立在网络发展的基础上，电子商务的实现更是离不开网络，网络技术是电子商务的关键技术之一。虽然从电子商务的发展角度来说,网络技术不是电子商务研究领域独有的专项技术,但是在网络技术高速发展的今天,就其本身性质而言,使得电子商务朝着这个方向不断改进与发展。

Web 浏览技术。电子商务的活动主要是在网络上进行,所有产品和服务都呈现在网页上,需要选择更好的 Web 浏览技术应用于网络,并被广大用户接受和使用,利用 Web 浏览器交易双方可以实现交互。目前 Web 浏览技术主要支持 HTML 格式,但随着进一步的发展,XML 格式浏览器也会逐步普及并被人们所使用。从电子商务的需求发展程度来看,Web 技术中 HTML 的信息传递已经不能满足现代商业化企业的需求。而 DHTML 在 HTML 的基础之上,优化了网络浏览器,同时又结合了 Java Script 技术的应用。总之,网络化的工具开发和网络开发设计方案的运用,有利于电子商务在 Internet 上搭建网络交易平台。

数据库技术。在电子商务的环境下,数据是企业的生命线,是决策的依据,也是进行各类生产经营活动的基础及结果,数据库的建立需要对企业重要的与琐碎的、正确的与谬误的信息进行区别,但是随着科技创新的进步,对信息的区分越来越难,这就使得数据的收集、组织和存储技术对电子商务的发展变得更加重要。拥有完整的数据库能够提升电子商务的效率,所以数据库技术是电子商务的核心技术,未来技术的不断升级便会给电子商务带来有力的支持。

安全技术。由于 Internet 本身的开放性,使电子商务系统面临着各种各样的安全威胁。目前电子商务中普遍存在着集中安全隐患,如由于黑客的存在以及很多网站容易被仿造,一些恶意破坏者或者竞争者总是设法想要修改网站的信息,或者假冒他人去欺骗客户;同时还存在着一些不安全的电子邮件和一些会员账号,甚至会暴露隐私和秘密。所以电子商务的安全技术应该保证计算机网络的安全和商务交易的安全。

电子支付技术。电子支付模式现在一般使用两种:SSL/TLS 和 SET 技术。从技术角度讲,SSL/TLS 不是一种支付协议而是一种会话层安全协议,以这种协议来实现安全交易的承诺。在进行电子支付的同时需要考虑到安全问题,所以电子支付技术需要与安全技术相结合,在安全的环境下完成交易。

三、广东网民规模

广东作为中国互联网超级大省，长期以来互联网发展的多项指标在全国均名列前茅。广东省网民规模一直保持全国第一，域名数位居第一。2012 年 6 月，广东省网民总数就已经达到了 6775 万人，普及率达到了 62.8%；广东宽带网民规模达到 6735 万人，占网民总数的 99.4%；手机网民达到 5492 万人，占网民总数的 81.1%。截至 2016 年 12 月，广东网民人数达到了 8024 万人，普及率达到 74.0%，网民人数依然位居全国首位。

广东酝酿了一批以三大运营商为基础，腾讯、网易等为代表的被国内外数亿网民广泛熟悉的知名互联网企业。华为、中兴等数十个全球知名的移动终端厂商均在广东，亚马逊、阿里巴巴、百度、新浪等知名企业均在广州或者深圳设立了最重要的研发运营中心。此外，广东地区的手机应用开发者总数接近全国开发者数量的 40%，具有庞大的技术和人才储备。在这样的环境下，广东网民数量在未来也会不断增加，互联网普及率也会越来越高，有利于促进电子商务的发展，同时优秀人才的聚集使得电商技术会不断进步。

第四节　广东省社会环境分析

一、人口环境分析

2016 年广东省常住人口达 10999 万。全年出生人口 129.45 万人，出生率 11.85‰；死亡人口 48.17 万人，死亡率 4.41‰；自然增长人口 81.28 万人，自然增长率 7.44‰。广东常住人口区域分布的基本格局没有改变，超过一半的人口仍集聚在珠三角地区，区域内拥有广州、深圳两个超大城市（常住人口 1000 万以上）以及佛山、东莞两个特大城市（常住人口 500 万以上

1000万以下)。2011~2015年珠三角地区人口增长最快,人口增量占全省人口净增总量的25.82%。值得关注的是,广州、深圳两个超大城市的常住人口增加数量全省最多,两市人口增幅占同期珠三角人口增量近七成,人口向超大城市集聚的趋势仍然十分明显。

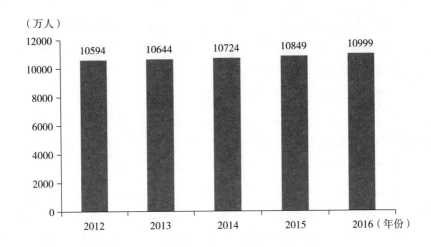

图4-9　2012~2016年广东省常住人口数

数据来源:广东省统计局。

二、教育环境分析

近年来,广东的教育事业持续蓬勃发展,人口文化素质普遍提高,普通高等教育招生人数有所上升。2016年各级各类教育(不含非学历培训,不含技工学校)招生673.32万人,比上年增长1.6%;在校学生2258.16万人,比上年增长1.5%;毕业生574.34万人,增长1.3%。至2015年底,广东省15周岁及以上人口平均受教育年限达到10.57年,相当于现行国内学制设置的高中低年级教育水平,比2010年提高0.15年,比同期全国平均水平高1.15年。广东常住人口受教育程度的结构重心逐步向更高文化层次转移,整体受教育水平逐步提升,人口文化素质进一步提高。

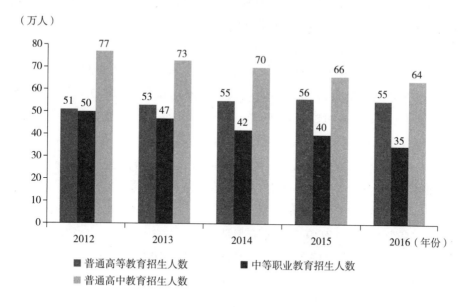

图 4-10 2012~2016 年广东省各类教育招生人数

数据来源：广东省统计局。

三、文化环境分析

2016 年末全省共有各类专业艺术表演团体（公有制）82 个，群众艺术馆、文化馆 145 个，县级及以上公共图书馆 147 个，博物馆、纪念馆 179 个。全省有广播电台 22 座，电视台 24 座。广播综合人口覆盖率和电视综合人口覆盖率均为 99.9%。有线广播电视用户 1874.12 万户，有线数字电视用户 1730.70 万户，分别比上年末增长 0.8% 和 2.5%。全年出版报纸 27.64 亿份，各类期刊 1.29 亿册，图书 2.91 亿册。全省共有综合档案馆 141 个。

四、科技环境分析

科技创新取得新的突破。2016 年广东省县及县级以上国有研究与开发机构、科技情报和文献机构 365 个。规模以上工业企业拥有技术开发机构 5920

个。全省科学研究与试验发展（R&D）人员 51 万人年（折合全时当量）。全省 R&D 经费支出约占 GDP 的 2.52%（见图 4-11）；科技成果 1963 项，其中，基础理论成果 140 项，应用技术成果 1805 项，软科学成果 18 项。全年专利申请受理总量 505667 件，增长 42.1%；其中，发明专利申请受理量 155581 件，增长 49.7%。全年专利授权总量 259032 件，增长 7.4%，居全国首位；其中，发明专利授权量 38626 件，增长 15.4%。全年《专利合作条约》（PCT）国际专利申请受理量 23574 件，增长 55.2%，居全国首位。截至 2016 年底，全省有效发明专利量 168480 件，居全国首位，每万人口发明专利拥有量 15.53 件。全年共有 39264 家企业申请专利 327325 件。其中，17056 家企业有发明专利申请 113422 件。全年共有 29886 家企业获得专利授权 163744 件。其中，7119 家企业有发明专利授权 30700 件。全年经各级科技行政部门登记技术合同 17480 项；技术合同成交额 789.68 亿元，比上年增长 19.0%。

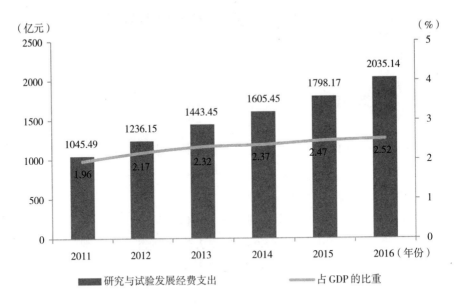

图 4-11　2011~2016 年广东省研究与试验发展经费支出及占比

数据来源：广东省统计局。

五、城镇化率分析

人口城镇化继续稳步推进。2016 年，全省常住人口中居住在城镇的有 7611.30 万人、居住在乡村的有 3387.70 万人，分别占人口总量的 69.20% 和 30.80%。分区域看，珠三角、东翼、西翼和山区的人口城镇化率分别为 84.85%、60.02%、42.68% 和 47.85%，比上年分别提高 0.26 个、0.09 个、0.67 个和 0.68 个百分点。截至 2016 年底，全省居住在城镇的人数比上年净增 156.95 万人，增长 2.11%，比同期常住人口增幅高出 0.73 个百分点。

常住人口向珠三角超大城市集聚势头未减。2016 年，广东分区域常住人口数量依次为：珠三角 5998.49 万人、东翼 1735.58 万人、山区 1672.47 万人、西翼 1592.46 万人，分别占人口总量的 54.54%、15.78%、15.20% 和 14.48%。与上年相比，珠三角、东翼、山区和西翼的人口数量分别增长 2.11%、0.48%、0.50% 和 0.58%。广州、深圳两个超大城市的常住人口数量增加最多，分别比上年净增 54.24 万人和 52.97 万人，两市人口增幅占同期珠三角常住人口增量的 86.31%。

第五章

广东省工业电商整体发展分析

第一节　广东省工业电商发展状况

一、发展现状

电子商务作为一种迅速发展并日趋成熟的新商业模式，显著影响着各地的经济社会发展。迄今为止，电子商务已成为国内外巩固和提高经济竞争力的战略发展重点。近年来，广东电子商务快速发展，在电子商务平台构建方面走在了全国的前列，已成为新常态下广东经济发展重要支撑之一。随着"互联网+"时代的到来，广东电子商务发展需要有新的思路和举措。

电子商务在广东省各行业和消费领域的应用不断拓展，与实体经济的融合程度不断提高，在钢铁、石化、塑料、粮食、汽车和电子等行业涌现出一批年交易额超过 100 亿元的电子商务平台。外贸电子商务发展迅速，移动电子商务逐渐成熟，应用电子商务的中小企业快速增加，网络购物增长迅猛。由各行业电子商务网站带动和促成的同行业企业间电子商务交易已经具有相当大的规模，并呈现出跨地区发展的趋势①。

近年来，全省工业电子商务快速发展，现处于总量扩张、应用扩大、密集创新阶段，内生动力和创新能力日益增强，并向规模化、专业化、集聚化方向发展。工业行业电子商务平台不断壮大，广东省各行业电子商务应用不断拓展，尤其是钢铁、塑料等行业性电子商务平台增长迅速。如中国首家钢铁现货交易网站"欧浦钢网"，全年实现营业收入 17.74 亿元；广东塑料交易所作为全国唯一一家电子塑料交易所，年交易额超过 4000 亿元；广东省物资集团旗下"车唯网"电商平台交易额达到 9.8 亿元。

此外，全省在工业领域的电子商务应用不断拓展，"TCL""格力""美的"等大型传统工业制造企业年网络销售额均超亿元。2013 年，全省有 28 个项目入

---

① 刘方舟. 立足经济新常态　推动广东电商大发展［J］. 广东经济，2015（8）.

选工业和信息化部"电子商务集成创新试点工程项目",占全国的 8.18%,数量居全国前列。目前,广东省已有"腾讯""唯品会""环球市场""兰亭集势"等多家电子商务上市企业,成为电子商务上市企业最多的省份之一。

广东省传统工业企业将继续加快进入电子商务领域的步伐。电子商务的快速发展和不断创新,使越来越多的传统工业企业认识到转型发展的迫切性。从发展态势来看,2017 年乃至未来几年,在"互联网+"行动计划的引领下,传统工业企业电子商务转型将可能取得重大突破,成为驱动全省电子商务总体乃至经济发展的强大引擎。

二、存在的问题

在全省工业电商的发展中,仍存在一系列问题:

第一,线上线下融合还不够紧密,电子商务受到落后经营和管理方式制约。"十二五"时期信息化与工业化深度融合发展,网络经济与实体经济融合成为重要的发展趋势,工业电商将与传统的实体工业不断融合,创新发展。电子商务需要在工业领域和各环节深度应用,才能充分发挥促进工业转型升级的作用。目前,电子商务的创新应用受到落后生产方式的制约,在一些环节和领域,两者矛盾较突出。

第二,工业电商的深度应用不足,大型企业供应链协同应用水平有限。目前,大型企业在供应链管理方面的形式主要是通过采购管理系统进行上游供应链管理,从协同应用的范围和效果来看,这种供应链管理形式在汽车、家电、电子产品等装配制造行业的大型企业中有一定应用,但行业应用还不够广泛。少数几家企业已通过电子采购网站进行上游供应链管理。从总体来看,这种方式虽然也可实现上游供应链协同,但主要还是依靠大型企业的买方影响力实现局部区域协同,并不具备提高产业链整体协同效果的作用。

第三,第三方电子商务服务平台商业模式还不成熟,服务能力和水平有待提升。第三方电子商务平台发展的现状主要受电子商务交易商品的查验性因素、体验性因素、交易参与者交易习惯因素和交易平台的运营能力因素等多方面客观因素影响。当前,全省第三方电子商务服务平台以信息服务类平台居多,交易服务类平台数量有限。从实际情况来看,在钢铁、塑料、部分农产品等品质差异不大的大宗产品行业已有一些支持在线交易的第三方电子商务平台，比如广东欧浦钢铁物流股份有限公司旗下的欧浦钢网、广东塑料交易所等。但从绝对数量来看，大部分第三方电子商务平台只是提供信息发布（包括供应信息、需求信息和产品价格等商务信息），还没有发展到网上订单形成阶段，更谈不上在线支付和物流配送。

第二节 广东省工业电商普及率

一、采购普及率

广东省持续深化制造业供给侧结构性改革，不断推进工业电子商务普及应用。近年来全省的工业电商采购普及率持续上升，2016 年广东省工业电商采购普及率达 46.88%，较 2012 年增加近 6 个百分点，表明全省在工业电商普及上取得明显成效。

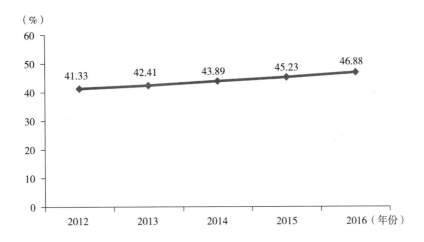

图 5-1 2012~2016 年广东省工业电商采购普及率

数据来源：工业和信息化部电子一所、中商产业研究院。

二、销售普及率

目前，广东省正逐步发展壮大一批资源富集、功能多元、服务精细的工业电商平台，在推动全省传统产业生产、管理和营销模式变革等方面将发挥积极作用。2012 年广东省工业电商销售普及率为 38.61%，随后上升约 5 个百分点，2016 年达到 43.90%，预计未来仍将保持稳步增长的态势。

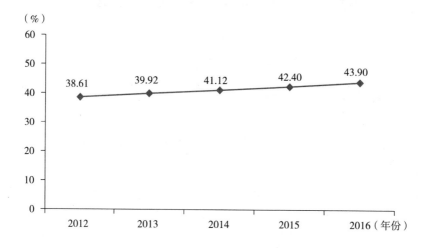

图 5-2　2012~2016 年广东省工业电商销售普及率

数据来源：工业和信息化部电子一所、中商产业研究院。

第三节　广东省工业电商交易规模

一、网上采购额

在工业经济与电子商务融合显著提升的背景下，促进全省工业品实现电商化采购，一方面将有助于促进采购单位实施"阳光采购"，提高采购效率；另一方面将有助于重塑全省供应链环境，进一步促进实体经济发展。2016 年广东省工业电商网上采购额首次突破 1 万亿元，达到 10859 亿元，同比增速为 18.02%，增长迅猛。

（亿元）

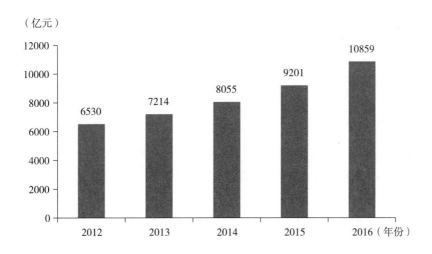

图 5-3 2012~2016 年广东省工业电商网上采购额

数据来源：工业和信息化部电子一所、中商产业研究院。

二、网上销售额

广东省工业电商创新发展活跃，随着工业电商平台不断融入工业产业链的销售环节以及工业电商销售普及率逐步提升，网上销售规模持续扩大，对驱动全省制造业转型升级具有重要意义。2016 年广东省工业电商网上销售额为 14359 亿元，同比增长 18.17%。

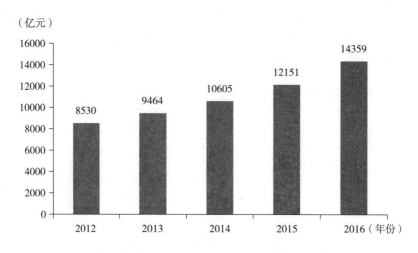

图 5-4　2012~2016 年广东省工业电商网上销售额

数据来源：工业和信息化部电子一所、中商产业研究院。

第四节　广东省工业电商发展趋势

一、发展方向

　　未来，大宗商品交易平台将成为广东省工业电商发展的热点。大宗商品和行业 B2B 电子商务交易平台的建设，将侧重于把电子商务与现货市场、线上和线下交易结合起来，将更多的产品链上下游企业集中到平台上，集合线下物流仓储资源，结合供应链融资服务，实现商流、物流、信息流和资金流的整合，从而加快整个经济复苏的速度。

　　移动电子商务将持续保持高速增长。随着智能终端数量的快速增长，移动电子商务将是未来电子商务企业强力争夺的新领域。如何推进移动电子商务在工业企业营销和客户关系管理中的应用，加大 M2M 技术对产品售后服务、全生命周期管理和物流信息服务的支撑将成为未来电子商务发展的新热点。

电子商务将助力广东省工业实现全面绿色化。随着工业化进程快速推进，资源环境对工业发展的约束将更加强化。电子商务因其低碳性、低耗能、低排放的环保特征，为工业应对资源环境挑战提供了新途径。一方面，工业电商将传统的商务流程电子化和数字化，以电子流代替了实物流，不仅显著提高了物质资源的使用效率，更大大降低了可能与交易相关的交通、差旅、物流、运输、仓储和纸张等能源资源消耗，从而有效减少碳排放；另一方面，绿色回收和交易平台也借助平台电子商务迅速发展起来。通过把线上线下资源结合起来，搭建再生资源行业O2O平台，为广大再生资源利废企业和废旧物资回收企业提供更多亲密接触的机会，从而大大提高制造业资源利用效率，推进制造业绿色改造升级。

二、发展规模

到2020年，预计广东省规模以上工业企业电子商务采购额将达到2万亿元、电子商务销售额将达到5万亿元，重点行业骨干企业电子商务普及率将达到65%，成为激发企业创新活力的重要引擎。

第六章

广东省重点工业电商发展情况

第一节　原材料工业

一、钢铁工业

（一）发展现状

钢铁工业是国家重要的原材料工业之一，是以从事黑色金属矿物采选和黑色金属冶炼加工等工业生产活动为主的行业。钢铁工业拥有较长的产业链，包括金属铁、铬、锰等的矿物采选业、炼铁业、炼钢业、钢加工业、铁合金冶炼业、钢丝及其制品业等细分行业。

近年来，广东省钢铁行业电子商务领域保持快速发展态势，钢铁电商已进入质变前期，钢铁电商已成为钢铁行业转型升级的重要途径。从钢铁行业电子商务发展来看，钢铁电商大致可以分为三个阶段：第一阶段，以钢厂内部业务信息化应用和专业性钢铁信息网站出现为主的早期阶段；第二阶段，以钢铁电商普及应用为主的中级阶段；第三阶段，以钢铁产业链全生命周期电子商务化为主的高级阶段。

第一阶段表现为钢厂生产流程的自动化、信息化和系统化水平大幅提升，钢铁专业性的信息网站开始出现；第二阶段表现为钢厂建立了基于ERP、CRM等系统的供应链管理系统，大部分包括网上采购和销售模块，少数大型龙头企业开始了供应链、生产流程和客户关系的管理，第三方钢铁电商平台开始涌现；第三阶段表现为钢铁电商渗透进从上游原材料到中间生产商再到下游用户的全产业链，以及从原料到产品，从产品到使用，从使用到回收再循环的产品全生命周期。目前，钢铁行业电子商务正处于第二阶段，第三阶段正处于萌芽阶段。

中国首家钢铁现货交易网站"欧浦钢网"为广东欧浦钢铁物流股份有限公司所属，全年实现营业收入17.74亿元。欧浦钢网以真实库存为基础，以欧浦公司六大实体,即"大型仓储、剪切加工、运输调度、高效配送、金融质押、物业租赁"为配套的"一站式"钢铁交易服务平台,现有注册会员近10万家,网站日均点击量高达20万余次。凭借强大的行业背景和一流的技术团队,欧浦钢网致力于利用互联网降低客户交易成本,创造更为广阔的钢铁互联网应用前景,推动钢铁产业发展。

欧浦钢网拥有两大网络服务:钢材超市现货平台、钢铁资讯服务平台。其中,钢材超市现货平台依托欧浦钢网数千家钢铁供应商网络现货资源及采购商户遍布全国各地的优势,只要注册成为欧浦钢网会员,在欧浦钢网现货交易平台轻点鼠标,即可轻松享受钢铁超市、竞卖竞买、现货查询等服务。钢铁资讯服务平台是欧浦钢网提供行业聚焦、价格行情、钢厂资讯、钢市分析等资讯服务,提供仓库资源、贸易联盟资源、资源下载、现货资源等资源服务,提供贸易联盟、仓储联盟、加工联盟、物流联盟4种联盟服务,提供企业聚焦、行情专栏、钢厂专栏、钢市专栏、商会专栏5个专项服务,建立各地分站和材料分站,更专业、更直接地提供服务和建立完整全面的企业信息数据库,方便终端用户信息查询,为钢贸企业提供更多增值服务。

(二) 发展特点

钢铁电商不仅是互联网闯进钢铁产业链阶段性的产物,也是互联网革命和钢铁产业链整合碰撞下的焦点,钢铁行业电子商务不仅会极大地改变钢贸形态,也会极大地改变整体钢铁产业链的形态。总体来讲,钢铁电商起步较早,行业整体处于金字塔形发展态势,企业与企业间建设和应用水平相差较大。同时由于交易量大,交易成本具有较大幅度的节省空间,行业性第三方电子商务平台发展迅速。钢铁行业现阶段电子商务应用概括起来具有如下特点:

1. 钢铁行业电子商务应用发展迅速

近年来,钢铁行业工业化和信息化深度融合,行业信息化相对完善,行业电子商务应用发展迅速。钢铁行业中的大中型企业多数已建立 ERP 系统,相当一部分包括采购模块和销售模块,还有部分企业建有独立的采购管理系统和销售管理系统,少数企业建立了供应链、生产流量和客户关系管理系统。

2. 大中型企业对上下游企业电子商务带动作用强

大中型企业是钢铁行业发展的主力军，其增长稳健，产业发展有相应的基础，各地区均有大中型企业。同时大中型企业创名牌力度大，企业创新能力强，有效促进了产品结构的调整和优化，实践证明了大中型钢铁企业集团是带动产业发展和电子商务应用的龙头和主力军。实施大中型钢铁企业电子商务发展战略，可以通过其供应链纽带，上下游配套、技术扩散等途径带动一批小企业应用电子商务。随着大中型企业集团的发展、产业组织结构的改善、产业技术水平的提高，电子商务总体经济效益、电子商务支撑体系、商务协同等才能得到进一步的提升和发展。为了优化社会供应链，建立稳定的钢材客户，钢铁企业要与生产制造、加工配送、技术服务、支付结算、金融服务、大数据分析等上下游企业建立电子商务企业圈。

3. 电子商务应用环节广泛

钢铁工业是典型的原材料生产型工业，也是资本技术密集型工业。电子商务在钢铁工业产业链中的多个重点领域和关键环节有着广泛的应用前景，未来发展趋势主要体现在以下两个方面：第一，推进了供应链上的协同效应产生。通过电子商务的深入应用，实现了供应商和客户之间、企业和海关之间在储运加工和结算方面的协同，极大地提升了交易效率，减少了流转成本。第二，强化与第三方组织之间的商务协同。对钢铁行业来讲，实现合作伙伴间的战略，供应链协同必然需要钢铁企业保持第三方的商务协同，典型的第三方服务商包括银行、交通物流、通信服务等，从而实现对钢铁原材料和成本的监控、监管和合理调度分配，这对于控制成本和提高企业效益至关重要。

(三) 存在的问题

1. 大型企业的供应链协同应用范围和水平有限

钢铁行业以大型龙头企业为主，通过大型企业供应链协同来带动产业链上下游的协同效应是电子商务应用推广的有效途径，但目前仍存在一定缺陷：一方面是钢铁行业内部信息化基础设施不平衡，企业之间存在差异，另一方面钢铁供应链中上下游企业技术装备水平参差不齐，电子商务意识不强，信息化普及应用、集成化管理水平普遍较低。这两方面因素共同作用，制约了大型钢铁企业的供应链协同的应用范围和应用水平。

2. 物流体系是制约供应链协同效率提高的关键环节

钢铁业是物流需求量巨大的产业，每吨钢材会带动 5~6 吨运输量，包括上游的矿石、焦煤等原材料运输和下游的成品钢材产品的销售运输。因此，钢铁企业的供应和销售的效率与社会物流效率关系密切。现阶段，全省社会物流运行效率和精准化程度尚待提高，影响着钢铁企业与上下游企业之间产业链协同效率的提高。钢铁行业电子商务与钢铁生产、流通、消费企业在打造现代钢铁物流供应链方面缺乏有效协同，物流体系的不完善成为制约供应链协同效率提高的关键环节。

(四) 发展趋势

大型钢铁企业与产业链上下游企业间协同效率的提高，是企业提高竞争能力、保持竞争地位的必然发展趋势。其中，电子商务将成为提高商务协同效率的必要手段。

通过电子商务手段实现核心骨干企业和上下游企业的协同联动是未来发展的重要趋势。大型钢铁企业对上下游企业电子商务具有带动作用强的特点，钢铁行业电子商务的应用趋势将是以核心骨干企业为龙头，促进并拉动上下游企业电子商务行业应用的协同联动发展。面向标准化大宗交易产品的第三方电子商务交易平台有一定发展空间。钢铁行业中第三方电子商务交易平台近年来发展较快，网上市集的交易模式逐步成熟，对未来钢铁行业电子商务发展具有一定作用。

二、石化工业

(一) 发展现状

石化工业具有行业多、门类广、产品多等特点，其产业链几乎渗透到所有行业领域，包括轻工、纺织、冶金、机械等行业中的化纤、洗涤剂、化妆品、电池、橡塑、医药化工、国防化工和化工新材料等。因此，电子商务在石化行业中具有广泛的应用空间。行业企业很早就意识到了这一点，所以信息化建设开始早、投入大，以中石油和中石化等大型龙头企业为代表，工业电子商务取得了一定成效。

石化行业规模大、品种多、产品成熟度高、国际标准化程度高，是一个传统的垂直行业，90%以上的商务活动是在企业与企业之间完成的，几乎是一个完全 B2B 的电子商务应用市场。细分来看，当前电子商务在石化行业中的应用主要分为三种模式：企业自建网站、第三方交易平台和联合共建平台。

第一类是企业自建网站。石化行业是信息化开展较早的行业之一，企业信息化意识强烈，较早开展了以信息化为核心的体制创新、技术创新和管理创新。当前，多数石化企业内部 ERP 系统模式如采购、销售、财务等已经充分建立并逐步融合，具有物资采购和销售功能的电子商务平台已经形成。尤其是位于产业链上游的大型企业，在引入 ERP、SCM、CRM 等先进的信息系统方面花费大量人力、财力和物力，并依靠自身雄厚的资金实力及渠道基础，选择自建网站的形式主动参与电子商务，担任起网站的建设、维护和运营的主要角色。通过将电子商务纳入企业供应链管理，加强与供应商和客户的联系合作，节约采购销售成本，并为中小企业进行网上采购和销售提供服务，从而带动中小企业乃至整个行业的快速发展。

第二类是第三方交易平台。目前专门做石油化工产品的第三方交易平台，还有进一步增加的趋势。它们基本上是自负盈亏的独立运营商，基本运作模式是引入风险投资，开展网上交易并获得足够的交易量，为卖方、买方企业提供交易平台，通过收取会员费、交易提成或开展其他增值服务来盈利。而在第三方现货交易平台中按是否有标准化合约的集中竞价以及是否以网上成交为标准，当前石化行业第三方现货交易平台又可分为电子交易平台、现货商城平台和目录式撮合平台三种方式。其中，电子交易平台按交收时间及交易方式的不同又分为连续现货交易、现货预售交易、现货专场交易和现货竞价交易四种形式；现货商城平台类似淘宝商城，购买过程中也可以议价，如广东塑料交易所。撮合平台主要提供供方或需方基本信息及产品信息，线下洽谈，线下成交或者平台线上成交。

第三类是联合共建平台。为了应对电子商务的挑战，一些石化相关企业纷纷联合起来共同创造电子市场，结合多方优势，携手搭建极具竞争力的特色交易平台。

(二) 发展特点

随着信息技术以及商业模式的不断发展与创新，近年来广东省石化行业电子商务的应用也逐渐深入，新交易平台层出不穷，已有交易平台功能不断完善，呈现出一片欣欣向荣的发展态势。

1. 新型电子商务平台快速涌现

面临石化产业增速趋缓，产业发展亟须转型升级的大环境，许多传统石化企业纷纷"触电"，竭力打造全新的业务模式与发展平台，以实现企业与客户的无缝对接及技术和资源的最大化融合，从而扩大销售渠道，降低采购和销售成本，提高企业经济效益和市场竞争力。

同时，在良好的市场前景下，第三方交易平台大量涌现，成绩斐然。2014年，广州找塑料网络科技有限公司旗下的找塑料网、广州快塑电子商务有限公司旗下的快塑网和广州慧正电子商务有限公司旗下的买化塑网等化工电商平台纷纷成立，推动化工B2B电商进入2.0时代。其中，找塑料网目前单月交易额约20亿元。与传统综合性B2B电商平台简单地提供信息资讯和依靠买家与卖家的自我决策产生交易行为不同，以快塑网为代表的新一代电商平台通过免费人工撮合交易模式集聚了海量上下游商家，并延伸出大数据、仓储物流和供应链金融等盈利模式，促成B2B逐步由解决信息不对称的黄页模式向基于深度服务的在线交易模式转化。

2. 大型企业电子商务平台向行业性平台转化

随着业务的不断拓展与运营经验的逐步积累，一些龙头企业自建的电子商务平台对上下游信息的整合能力及相关企业的辐射能力迅速提升，呈现出逐渐向第三方行业性平台转型的发展趋势，从而带动更多中小企业发展并促进行业供应链协同，对石化行业产生愈加重要的影响。

3. 第三方交易平台不断集成创新

面临信息技术的快速发展以及石化行业转型的迫切需求，已有第三方交易平台不断突破原有业务范围，积极创新商业模式、交易模式和服务模式，通过集成在线融资、供应链管理和信息咨询等多项创新服务，将平台业务融入到石油化工产业链的各个环节，建成集定价中心、交易中心、金融中心、供应链管理中心和咨询中心于一体的产业服务平台，实现平台综合服务能力与行业影响力的全面提升。

广东塑料交易所（以下简称"塑交所"）作为我国第一家也是全国唯一一家经商务部同意、广东省政府批准成立的大宗塑料原料电子交易所，自2005年9月正式运营以来，国内外各类客户已超过30万家，并发展成为塑料行业的现货定价中心、物流中心和信息中心，创立的塑料"广州价格"和"广塑指数"成为塑料行业的价格风向标。自2012年1月开始，塑交所对其塑料现货电子商务一体化综合服务平台进行全面升级改造，结合塑交所未来的发展和投资方向，倾力打造了集"电子商务+仓储物流+信息资讯+货押融资"于一体的综合服务模式。不仅实现了大宗塑料原料电子交易平台、万商台电子商务平台和仓储物流信息管理系统的有效整合，还加强了现有的物流配送建设，并进一步完善了电子交易流程的流畅性设计。从而把塑料行业内除生产环节外包括撮合交易、行业资讯、供求信息发布、物流信息管理、仓储、现代物流配送、融资担保和技术等在内的一系列服务进行了有效集成，形成国内先进的、能完善提供行业内所需一切服务的综合性服务平台。这不仅大力提升了平台自身的竞争力，更催生了基于互联网的企业集群，促进产业化升级和经济发展。

广东奇化化工交易中心股份有限公司于2014年重点打造化工现货电子交易平台——奇化网，是广东省政府重点支持项目。不同于其他B2B产业互联网的信息提供、撮合交易等基本的中介服务，奇化网的B2P模式深度参与到产业链条的每一个环节中，整合行业资源，实现线上和线下的虚拟信息流、交易流、资金流以及物流体系、仓储体系、生产企业的连通互动，为化工产业链中的各类企业服务，实现共同的利益最大化。该模式依托先进的化工现货电子交易平台，通过打造专业的线上和线下互联互通体系，将资本、研发、材料、生产、贸易、物流、媒体、品牌八个领域紧密连接在一起，深度参与到化工产业链的每个环节，为行业内的各方参与者提供支持和服务。具体而言，奇化B2P商业模式通过打造三张网来实现，分别是互联交易网、产业协同网、资源共享网，将传统的线型产业链整合为以平台为中心的互联网模式，链接产业链的各环节和推动行业发展的各种要素，共同构建产业生态。奇化网在 B2P 创新商业模式的助力下，上线三年交易额突破百亿元大关，2017 年平台交易额冲破 200 亿元，平台年度收入超 60 亿元，并成功入围"2017 年中国大宗商品电商百强企业"。

(三) 存在的问题

虽然石化行业电子商务开展得早，发展水平与其他行业相比相对较高，但是仍然存在着一些问题。主要表现在：

1. 传统管理体制在一定程度上阻碍了石化行业电子商务的发展

石化企业由于传统体制的根深蒂固，目前还大多处于经验管理阶段，而管理程序化、科学化是实现电子商务的基本要求。与传统管理体制相比，电子商务使要素流转方式发生了根本变化，要求企业内外保持良好的互动能力。因此，如何根据电子商务活动信息规律对与之相关的内部流程体系和管理模式进行重组改造，是传统石化企业进军电子商务的重要基础。

2. 石化行业的信息化标准发展滞后，电子交易缺乏统一标准

典型的企业电子商务发展模式对信息化建设和技术改造的要求与我国石化行业的现实距离还相去甚远。内部系统还没有一个统一的工作流程和系统的电子商务的运作模式。大企业间的电子商务最终还是要实现企业间的系统互联，如果没有一个一致的工作平台，许多工作只能进行重复录入，降低了工作效率。系统设计的某些方面和实际应用脱离。信息化标准主要以大企业事实性应用标准为主，缺乏统一的标准。

3. 物流和仓储是支撑石化产品电子商务发展的重要因素

由于石化产品自身的类别和特殊性质，既有固体的常规货物，也有液体的易燃产品，决定了化工品储存和运输具有一定的特殊性，普通的物流仓储设施无法满足石化产品运输存储的要求，需要专业的仓储和运输设备。尤其是面对石化企业多投入、多产出的"网状"物流结构，当前的物流信息管理系统发展尚不完善，在物流的销售、存货、供应、发货与运输以及仓储等各个关键环节的控制上还存在一定问题和困难，导致物流配送及时率低，物流信息反馈不及时，从而造成物品送达不及时和管理跟踪不准确。

（四）发展趋势

作为发展水平处于领先的石化行业，下一步发展方向主要体现在以下几个方面：

1. 参与主体多元化

随着电子交易平台的快速发展，物流企业、信息咨询公司、贸易商和金融机构等将纷纷参与到石化行业电子商务的发展浪潮中来，投资主体将趋向多元化。尤其是随着融资需求的快速增长以及传统融资方式的政策限制，诸多电子交易市场均计划发展在线融资服务，从而为交易中心、银行和仓储物流企业等创造了合作共赢的新局面。

2. 平台类型多样化

由于参与主体的多元化和生产企业、经销商、下游用户和交易市场等不同参与方对市场的需求不同，交易模式的选择与创新，需要根据各自的市场定位、资源特点和服务定位来确定。随着经验的累积及服务的创新，未来将出现更多类型的电子交易平台，而各平台的交易形式也将呈现多样化及几种形式并存的局面。

3. 危险化学化工产品的监管将成为石化行业物流信息化建设的主要方向之一

石化产品的特点决定了其在流通过程中监管的重要性。石化产品大多数为易燃、易爆等化学化工危险产品。在储存、运输等过程中极易出现危险，在物流过程中通过技术等手段加强化学化工产品的监管将成为石化行业物流信息化建设的主要方向之一。

三、建材工业

（一）发展现状

建材行业已是国民经济的基础产业，包括建筑材料、无机非金属新材料和非金属矿及制品三大类，共有 80 余类，涉及 1400 多个品种和规格的产品，广泛运用于建筑、军工、环保、高新技术产业和人民生活等领域。经过新中国成立近70年来的发展，建材行业已发展成为门类比较齐全、规模巨大、品种基本配套、面向国际国内市场、具有一定国际竞争力的重要原材料产业，总体满足了国民经济和社会发展的需要。主要产品水泥、玻璃、建筑陶瓷以及石墨、滑石等非金属矿产品的产量多年位居世界首位。

但在国内外环境的综合影响下，广东省当前整个建材行业面临着产能严重过剩、市场需求不旺、下行压力加大的严峻形势。建材行业急需寻找新的突破口，实现行业转型升级。而电子商务由于能快速及时地获取大量贸易信息，扩大商业机会，减少采购环节，降低成本，改善公司管理水平并加强产业内协同，成为建筑行业发展的新契机，并为解决建材行业长久以来的产品价格信息不透明且波动大、中间经销环节多和赊账欠账等顽疾提供了新的视角。

总体比较而言，建材行业中小企业多，企业信息基础薄弱。但近年来，信息化技术业内渗透加快，企业资源计划（ERP）和制造执行系统（MES）等信息管理系统陆续在骨干企业得到应用。建筑材料工业信息中心2013年调查结果显示，建材企业信息化应用整体上处在从单向应用向集成应用的过渡阶段，多数大型企业基本实现了系统集成应用和管理网络化，这为电子商务的应用和发展打下了良好基础。

由于建材行业属于国民经济的基础产业，产品种类多，与下游建筑业和房地产业间均具有一脉相承的紧密联系，因此建材电子商务的参与主体除了包括传统的建材生产企业、建材贸易公司、相关行业协会和互联网企业外，还逐渐加入了房地产企业和建筑企业的身影。其中，传统建筑生产企业和贸易公司拥有丰富的实体运营经验和渠道优势，建立了众多对行业具有重要影响的自营式或平台式电子商务网站，如广州奇材网和钢正集团广东钢正建材股份有限公司旗下的建品汇等。互联网企业则有先天的网络运营优势，在各行业电商市场发展中都具有重要的主导作用。

当前电子商务在建材行业中的应用主要分为自营式和平台式两种模式，其中平台式又可细分为垂直类平台和综合性平台。自营式主要指由传统建材生产企业或贸易公司自主搭建电子商务网站，并承担网站的建设、维护和运营等工作，网站业务往往只服务于企业内部；平台式主要指所建立的电子商务网站超越了单个企业的应用范围，而为广大企业群和消费者建立了信息发布和供需对接的行业性平台，其建立者既可以是互联网企业、行业协会等组织机构，也可能是传统建材企业或房地产企业。具体来说，又可分为垂直类平台和综合型平台。其中，垂直类平台为仅专注于建材行业的信息或交易平台，如奇材网和建品汇等。

（二）发展特点

鉴于建材行业基础性强和产品品种繁多等固有特征，近年来建材行业电子商务的发展呈现出了众多自身独有的特点。

1. 垂直类平台众多，分类齐全

建材行业门类众多，共有 80 余类、1400 多个品种和规格产品，且各个细分行业间的差异也较大。因此，相应地，建材行业垂直类平台也很多，几乎每一个建材子行业，甚至于更细分的行业门类都有对应的垂直类平台，细分行业的垂直类网站，这些网站通常比较专业，往往成为细分行业最重要的信息和商务平台。

2. 多数平台以业务信息服务为主，交易服务为辅

当前，大部分建材行业电商平台仍主要提供基于平台所属专业领域的信息咨询、信息发布、广告展览、人力资源、互动交流、技术推广等服务，而交易服务较少或尚未涉及，代表性的有在广东佛山开通的中国陶瓷网。其中，中国陶瓷网通过整合政府与行业协会、陶瓷企业、科研机构、新闻媒体以及国外相关行业组织的丰富资源，与全国八大陶瓷产区政府和陶瓷协会通力合作，利用先进的电子信息技术，打造中国最权威的信息数据平台，为陶瓷企业提供及时、准确的技术、工艺、管理等方面的资讯服务和发展策略、市场走势的智能分析，致力于有效引导中国陶瓷行业的良性发展，为中国陶瓷走向世界铺开大道。为更好地服务企业，便于整合来自国内外原材料供应商、生产商、经销商以及消费者的各种资源关系，中国陶瓷网运营中心设在全球最大的陶瓷产区——中国广东省佛山市。

3. 新兴电子商务网站不断涌现，网站业务集成发展

近年来，建材行业电子商务发展步入飞跃期，各类新兴电子商务网站层出不穷，尤其是 B2B 飞速增长，在众多行业 B2B 发展中名列前茅。如奇材网、建品汇、一美居网等均为新诞生的建材行业电商网站的杰出代表。此

外，新兴电商网站的业务也不断继承发展，从以往以信息服务为主、交易为辅的经营方式，向集成信息、交易、商务代理、物流、电子认证、支付、信用金融、云服务乃至技术支持等多项业务的综合服务模式发展。

如一美居网成立于 2013 年末，2014 年中试运营，经过两年的探索发展，初见成效，2015 年被评为"广东省电子商务示范企业"及"佛山市电子商务企业"，作为瓷砖网购的 O2O 平台，提供专业细致的一体化服务，免费上门量尺寸、家装设计、预算报价、物流配送和铺贴监理，提供齐全的瓷砖产品，全抛釉、微晶石、板岩、陶瓷薄板、艺术薄板、玉石等，是一个连接瓷砖、家居品与消费者的线上交互、线下服务的系统化平台；相对于传统的模式具备一定的颠覆性，省去不必要的中间环节，商品直达消费者；全方位服务方式，将半成品属性的瓷砖和家居品变成成品带给消费者，实现了互联网无忧购物；未来将为所有参与的会员建立一个与家居生活息息相关的互联网生态社区，为用户创造价值，"有家就有一美居网"；融合资本市场资源，为企业加速发展注入动力，也希望通过这一规范的过程，引领陶瓷行业规范化，促进服务标准化。

4. 电商运营模式不断创新

鉴于建材行业产品的特殊性以及传统经销渠道的影响，O2O 和 C2B 等运营模式在众多建材电商中不断尝试，从而将线上和线下资源整合，针对客户需求，形成闭环式的综合服务体系。如一美居网率先在陶瓷行业采用了"O2O+C2B"的运营模式：一方面利用自身拥有的线上线下平台优势，将互联网资源与线下体验店相结合；另一方面采用直销模式，在服务上直接面对消费者，真正实现个性化定制，从而在为客户提供方便快捷的信息获取渠道的同时，将产品与服务带给消费者，为消费者创造与众不同的消费体验。

5. 产业链纵深发展

建材市场的产业链较为庞杂，建材产业链中除了建材供应商之外，还有房地产开发商及建筑商这两类较为重要的采购商。如何整合线下的房地产开发商，提供针对开发商的土地信息、工程信息、招标信息、采购信息、策划信息、广告推广、地产知识及案例等服务，吸引开发商来使用在线 B2B 平台，同时带动建材产品供应商和服务商，使整个建材类 B2B 市场形成良性的供需循环将是推动建材行业发展的关键。

(三) 存在的问题

虽然近几年建材行业电子商务取得了飞速发展,但总体来看,还存在着一些问题。

1. 建材行业信息化水平与国外同行和国内其他材料行业比较存在一定差距

在企业管理信息化领域,多数建材企业都应用了财务管理、人事管理、电子报表等基础管理系统,其中又以财务管理系统应用最为普遍。近几年来,信息系统的开发建设,从销售、财务等单项应用走向系统集成应用,部分企业应用了 ERP 系统,其他如供应链管理系统、客户关系管理系统等应用的建设比例还比较低。总体上,建材行业信息化应用不系统、不成熟、不广泛,与国外建材及国内钢铁和化工等行业的信息化发展水平相比还存在较大差距。

2. 建材行业电子商务的深度应用尚处于探索阶段

虽然在运营模式和业务发展范围等方面取得了重大突破,但总体而言,当前建材行业电子商务的深度应用尚处于探索阶段。在建材行业万亿级的市场规模中,电子商务的占比还非常低,且相比于电子、纺织和化工等其他行业而言,建材行业 B2B 的发展水平也还存在较大差距。当前建材行业中小企业居多,产业链协同水平低,线上线下融合发展困难,"线上下不来,线下上不去"现象普遍存在,标杆电商平台的示范效应和带头作用也尚未形成。

(四) 发展趋势

建材行业与多个相关行业紧密相连。上游涉及煤炭和机械等行业,下游涉及房地产业、建筑业、废旧建材回收利用业和包装业等多个行业。如何整合上下游产业链中的关键资源,为更多相关企业和消费者提供全面、标准和协同的多附加值产品和服务,从而推动产业链的深度融合与价值链的转型升级,将成为未来广东省建材行业电子商务取得成功和突破的关键。

第二节　装备制造业

一、汽车工业

(一) 发展现状

汽车已经成为装备制造产业发展的支柱。汽车零部件较多,也就决定了它的供应商较多,产业链较长,是一个大规模的协同产业,需要各级企业的协同协助,需要广地域的全面采购和销售。同时,汽车工业的许多零件都是规范化的产品,有严格的技术标准,是标准件。因此,综合看来,汽车的行业特点非常适合电子商务的应用,相比其他行业发展水平也较高。

汽车行业追求规模经济,并形成寡头垄断的市场结构,政府也给予了汽车行业大力支持。目前汽车行业的各大中型企业都建立了自己的网站,基本上都有 ERP 系统和较完备的供应链管理。许多企业 ERP、SCM、CRM 等系统建设完善,正在深入推广应用阶段。在此基础上,汽车企业的电子商务采购得到快速发展。除了依托 ERP 系统的采购模块外,部分企业还搭建了电子采购平台,并逐渐向综合化、一体化管理平台转化,为真正实现网络化的全球采购打下坚实基础。

随着电子商务在汽车行业中各种形式的出现,围绕着汽车行业的整体电子商务系统也逐渐形成,主要包括原材料零部件采购平台、第三方物流协作平台以及营销与销售平台等。

在采购平台方面,汽车行业大部分生产制造业都已引入 ERP 系统,并且实施和应用了采购模块,部分企业还搭建了电子采购平台。如电子采购平台将采购员与供应商紧密联系起来,快捷地实现网上招投标、竞价采购和询比价采购过程,极大地提高了采购效率,降低采购成本。为便于与供应商的信息共享与沟通,汽车公司建立了物资采购信息,从而最大程度地提高供应商的工作效率，降低成本，同时，搭建的采购一体化信息管理平台则计划通过建立在线招标、网上商店自助采购和供应商数据总线等方式，实现生产采购管理、非生产采购管理、供应商管理、采购项目管理和采购质量管理，从而形成具有快速反应能力的低采购成本、低资源风险、高运作效率的采购、供应、管理和服务体系，增强企业采购的协调性，提高网上集中采购水平。

总体来说，汽车行业电子商务应用模式如表6-1所示：

表6-1　汽车行业电子商务应用模式

应用模式		基本运营方式	主要特点
采购类应用		企业在内部信息化管理系统基础上，实现网上采购或自主搭建采购类电子平台	多在大型的、信息化建设水平较高的企业内部得到应用，尚未出现行业性平台
销售类应用	综合性平台	多借助收取年费和服务费的方式盈利	在宣传推广以及用户体验方面具有领先优势，但专业性不强
	垂直类平台	通过网店形式为经销商提供销售线索并收取网店费用	针对性强、产品丰富、流量相对较大，但对销售线索的管控能力较弱
	厂家自建电商网站	由企业自建，并进行运营与维护	可以整合企业自身资源，为消费者提供全生命周期服务，但没有用户积累，推广难度大，且运营经验尚浅

资料来源：中商产业研究院。

（二）发展特点

随着信息技术的飞速发展以及商务模式的不断创新，汽车行业电子商务的发展涌现出了许多独特之处，主要包括以下几个方面：

1. 电子商务应用环节广泛

由于汽车行业本身产业链较长，随着业务的不断拓展，电子商务逐渐渗透到了汽车行业的多个环节。在汽车零部件采购、汽车销售、汽车配件销售和汽车维护保养等各个方面均可以看到电子商务的广泛应用。尤其是随着汽车市场的逐步开放与规范，关于汽车售后服务的电商平台快速涌现，为汽车行业的整体协同发展创造了良好环境。

2. O2O 交易模式盛行

汽车行业具有双重属性，既属于制造业，也属于现代服务业。鉴于已存在汽车销售渠道的限制以及消费者在购买汽车产品后多样的服务需求，当前的汽车销售电商平台主要还是起到集客的功能，以品牌推广、试水新模式和获取市场信息为主要目的，广泛采取了线上交订（定）金、线下提车的O2O模式。通过线上和线下有机结合，消费者可以在线上购买汽车、在线下享受后续服务，这不仅实现了网上交易，满足了消费者线上购车的需求，而且还拓展了线下服务的范围，如交车、汽车用品的安装、保养与维修等。

3. 电子商务平台功能集成发展

随着配套环境的不断完善和业务范围的拓展，汽车电商平台的功能也不断完善。以汽车销售为例，在汽车销售环节中，除了选车和支付这些核心流程外，还涉及保险、贷款和售后服务等多项事宜。因此，在当前的销售类电商平台中，以往以信息咨询为主的服务模式逐渐退出主流，转而被集成信息咨询、导购、预约试驾、在线交易、保险和车贷等多项服务于一体的综合服务体系所取代，从而使电商平台获得更为持久的竞争力和客户黏性。

(三) 存在的问题

1. 通过电子商务来支持全球化采购的能力有待提高

汽车零部件多、采购量大、采购次数频繁、涉及零部件企业众多、采购复杂。随着全球经济融合度提升和汽车行业竞争加剧，整车制造商越来越倾向于掌握几种关键零部件的生产，对标准化的一般性零部件在全球范围内比较选择，利用全球资源实行全球采购。汽车零部件全球化采购已经成为汽车产业的发展潮流。在采购全球化的条件下，如何优化采购流程，更有效地通过电子商务来支持采购的能力还有待进一步提高。

2. 相对于汽车产业的发展需求，汽车物流业的发展水平还有一定差距

汽车电商面对的最直接问题就是物流。我国汽车物流业起步较晚，且相

比其他行业而言，发展速度较快，水平也比较高，但是总体而言，当前汽车物流业还存在成本居高不下，服务模式单一，增值性服务较少，企业信息化程度低等尚待突破的问题，难以适应汽车产业化尤其是汽车电商飞速发展的需求。

（四）发展趋势

1. 电商平台实现服务一体化

一方面，对于销售类汽车电商平台而言，如何突破当前的运营模式，不断完善信用体系和配套环境，妥善解决传统渠道与电商渠道间的利益冲突，实现真正意义上的在线交易与网上购车，打造深度融合在线交易、信息服务、金融服务和大数据等衍生增值服务的一体化电商平台将是未来一个重要发展方向。另一方面，鉴于汽车行业产业链长、涉及主体多的行业特点，未来汽车电商的整体发展将以紧密围绕汽车产品及其增值服务而形成的价值链为线索，综合零部件供应商、原辅料供应商、整车制造商、经销商、物流公司、电信运营商、银行、保险公司以及IT提供商等多类相关主体协同打造汽车电商生态圈，实现信息流、物流、商流和资金流的四流合一。

2. 个性化定制与服务

随着经济发展水平和顾客消费水平的提高，个性化定制将成为未来汽车行业发展变化的重要方向。通过汽车电子商务，汽车制造商可以直接接触客户，在第一时间获知客户需求并可协同客户参与到产品的设计、研发与制造过程中，从而及时做出反馈，为客户提供个性化的生产或服务。如顾客既可以通过网上预订的方式实现汽车配置、内饰和外观设计等方面的个性化定制，也可通过网上预约的方式实现汽车保养、维修和保险等方面的个性化服务。通过满足客户多样性的需求，最大程度地提高顾客满意度和企业竞争力。

二、机械工业

（一）发展现状

机械行业是为国民经济和国防建设提供技术装备的基础产业，总量占装备制造业的2/3以上。新中国成立以来，在良好的宏观经济和相关政策措施的推动下，机械行业取得了长足发展，经济总量和国际地位迅速提升。

在我国经济发展放缓的大背景下，广东省的机械行业也告别了高速增长时代，进入调整和转型期，行业经济运行面临较大困难，"稳增长"正面临严峻考验。相关企业也由此感受到了市场、资金和效益等方面的巨大压力，迫切需要探索一条转型升级、创新发展的有效途径。具有节省交易成本、缩短供货时间和生产周期、拓展销售空间等优点的电子商务，受到了越来越高的重视。

机械行业大部分企业重视采购、销售和物流的信息化建设，建立了进销存管理系统、客户关系管理系统和 ERP 系统，部分企业还实施和应用了 ERP 系统中的采购和销售模块。企业外部网站也纷纷建立起来，网站功能不断完善，为电子商务的发展创造了重要基础。当前，电子商务在机械行业的应用主要包括两个方面：

一方面，部分企业在原有信息化建设的基础上，不断加强 ERP 系统的深度应用，逐步实现了网上采购，有的还自建了电子采购平台，促成供应商管理、网上采购和物流管理等多项业务的集成，从而极大地降低了企业的采购成本，提高了运行效率。但总体来看，这类采购平台往往以服务企业内部为主，尚未拓展到行业应用。

另一方面，电子商务在机械行业的销售环节得到了更为广泛的应用，总体来看依然具有三种应用模式。第一种为综合性电商平台。这类平台经营电商多年，商品种类齐全，有着丰富的运营经验和庞大的客户群体。近年来，为了克服专业性不强的固有缺点，这类平台还呈现出针对部分细分行业搭建专业电商平台的发展趋势，从而提升整体服务的针对性和行业深度。第二种为垂直类电商平台。这类平台大多涉足机械行业多年，对行业运行特点、现状和动态有着透彻的了解，并积累了得天独厚的优势客户资源，服务针对性较强，对相关行业企业具有较大吸引力。此类平台在线产品丰富、品种齐全，涉及金属切削机床、通用设备铸钢件及通用零部件、电器机械及器材、仪器仪表、电子产品及通信设备和专用设备多个门类，不仅具有实时交易功能和供应链金融服务，还可提供各种个性化供应链解决方案。第三种为企业自建电商网站。这类网站多采用企业自营的方式，是传统机械行业企业涉足电商的典型表现，往往由实力较强的龙头企业搭建，经营范围以企业自有产品为主，能最大程度地发挥企业多维优势，但多处于探索阶段，运营经验不足。

（二）发展特点

随着信息技术的发展和行业转型压力不断加大，近几年电子商务在机械行业取得了较快发展，呈现出以下特点：

1. 电子商务应用不断拓展

近年来，随着行业信息化水平和企业经营方式的转变，不少传统企业紧跟时代步伐，纷纷转身拥抱电子商务，不断探索商业运营模式。首先在采购方面，传统企业不断加大 ERP、CRM 和 SRM 系统的集成运用和相关信息化建设，逐步在互联网上实现了从项目报价、投标、设计文档的交互、采购协作计划、采购订单、项目结算到售后服务的全面采购流程的协同。

2. 电子商务平台功能不断完善

在各类新兴电商平台积极涌现的同时，机械行业电子商务平台的功能也不断完善。尤其在销售类电商平台中，早期以信息服务为主的服务模式逐渐向在线交易模式转换，从而实现了真正意义上的电子商务。部分早期建立的仅具备资讯服务的垂直类平台陆续开辟了网上商城，为机械产品的实时在线交易打造了极佳平台。

3. 试水电商，配件先行

由于机械行业的特殊性，整机产品往往交易金额大，技术性强，对传统销售渠道和现场看验方式的依赖性较高。相比而言，零部件体量小、标准化、单件金额低、配送方便且更换频繁，更适合依托电商平台。因此，各类型销售平台均意识到，如果直接从整机入手电商，会有相当大的难度，便纷纷选择从配件起步，逐步打开市场，延伸到整机，形成全行业覆盖。

（三）存在的问题

1. 机械行业总体信息化水平有待提升

机械制造业在经历了长达十几年的发展之后，国内的部分机械企业，尤其是大型机械企业逐步实现了信息建设，通过引入信息化管理手段实现了企业业绩的提升，并取得了客观的经济效益。但是这部分企业在全部机械企业里面只占据了很小的比例，只有20%的企业初步完成了信息化建设，小型企业几乎没有信息化建设的计划。在外部网站建设方面，很多企业还存在栏目规划不合理、网站信息量小、功能和服务不完善以及网站访问量小等问题，从而使得企业内外资源不能充分整合，对企业生产和销售的促进作用较小。

2. 电商发展配套环境尚待改善

由于机械行业的特殊性，大部分产品尤其是整机产品往往具有机型庞大、交易金额高的特点，因此对物流和支付等环节均提出了新的要求。但当前广东省机械行业物流企业横向协同不足，多式联运服务能力还不够成熟，尚不能完全满足机械行业大件运输的需要。另外，当前的支付环节还无法支撑机械产品的大金额支付、延期支付和票据支付等需求，并难以对中间交易资金提供便捷、安全的第三方支付监管。因此，总体来说，机械电商发展的关键配套环境还亟待完善。

3. 龙头企业在电商领域的作用尚未得到充分发挥，对中小企业的辐射作用较小

虽然有越来越多的机械企业，尤其是大中型企业试水电子商务，但到目前为止，总体还基本处于探索阶段，未来经营范围、运营模式和发展方向尚未确定。因此，龙头企业在电商领域的产业协同作用也还未能得到充分发挥，具有较大影响力的示范性行业平台尚未形成，中小企业受到的辐射较小。

(四) 发展趋势

1. 电子商务继承发展

以企业内部 ERP、SRM、CRM、EIP 等信息系统的完善与深入应用为基础，以制造商、经销商、配件供应商、维修服务商、用户和金融机构等相关主体为行业服务平台，促进产业链的整体协同，将成为未来机械行业电商发展的主要方向。

2. O2O 模式盛行

机械产品价格高，技术性强，在交易时往往需要现场看货、验货，且对售后服务有着长期和较高标准的要求。基于此，未来拓展机械电商业务的发

展，O2O将是一种比较适合的方式。一方面通过线上引流进行产品信息导航、在线交易和供应链金融等综合服务，另一方面借助线下实体提供产品尤其是大件整机产品的真实体验与展示甚至是售后服务，从而促成线上线下资源的整合，为大件产品的销售扫清障碍。

第三节　消费品工业

一、轻工行业

（一）发展现状

轻工业指主要提供生活消费品和制作手工工具的工业。按所使用的原料不同，可分为两大类：①以农产品为原料的轻工业，是指直接或间接以农产品为基本原料的轻工业。主要包括食品制造，饮料制造，烟草加工，绵、毛、麻、丝的纺织，缝纫，皮革和毛皮制作、制造以及印刷等工业。②以非农产品为原料的轻工业，是指以工业品为原料的轻工业。主要包括文教体育用品制造、化学药品制造、合成纤维制造、日用化学制品制造、日用玻璃制品制造、日用金属制品制造、手工工具制造、医疗器械制造、文化和办公用机械制造、塑料制造等工业。

轻工业是国民经济的传统支柱产业、重要民生产业和具有一定国际竞争力的产业，承担着繁荣市场、稳定出口、扩大就业、满足居民消费需求和服务"三农"的重要任务，在经济和社会发展中发挥着举足轻重的作用。

纺织行业电子商务平台分为三种形式：企业自建平台、第三方交易平台和联合共建平台。其中，企业自建平台的基本模式是企业依靠自身雄厚的资金实力及渠道基础，选择自建网站的形式主动参与电子商务，担任起网站的建设、维护和运营的主要角色；主要特点是除了传统的招标信息发布或B2B销售平台，新型的制造业转战打造知名度高的自建B2C平台，扩大销售渠道。

第三方交易平台的基本特点是运营模式多元化，平台定位专业化。比如跨境电商、现货交易平台和订单众筹模式；主要特点是企业主要通过垂直类和综合类的平台来进行采购及销售环节，可以实现信息查询或者在线交易模式，如找塑料网。

联合共建平台的基本模式是由多家行业的核心企业联合创建，在于针对行业性的专业化信息发布平台或交易平台，聚集行业主流企业共同在平台上开设行业卖场型旗舰店，协同开店、宣传、推广及活动等方面的资源配置；主要特点是扩大成品制造厂家的销售渠道，并进一步优化产品结构、市场结构，如中国 LED 网。中国 LED 网是中国 LED 行业最大的门户网站与主流电子商务平台，由深圳市鹏科盈网络科技有限公司运营，自创办以来，受到业界广大人士的好评和肯定，网站内容丰富、专业，功能强大、实用，在 Google、百度等搜索引擎中皆排名第一，在 Alexa 排名中也位列照明、LED 类网站第一。网站拥有专业注册用户超过 10 万家，并以每月平均 1 万家的速度增长，拥有产品数量超过 30 万条，企业数量超过 2 万家，专业人才简历数量接近 1 万份，网站日均访问量超过 2 万 IP 和 15 万 PV，是 LED 行业门户网站中的佼佼者。网站建有产品、求购、商机、公司、展会、资讯、技术、论坛、博客、人才等频道，内容覆盖 LED 行业的各个层面，贯穿整个产业链，涉及 LED 芯片、LED 封装器件、LED 显示屏、LED 照明、LED 驱动电源、LED 背光源、LED 辅料、仪器设备等领域，作为业界首屈一指的专业电子商务平台，数万家 LED 企业在这里发布各类商机信息，包括产品、求购、代理、加工、合作、招标等，可满足业界人士对信息的不同需求，同时成千上万的采购商通过中国 LED 网寻找产品和供应商，客户可以通过网站提供的在线留言功能轻松洽谈。

(二) 发展特点

1. 轻工行业业务复杂，电子商务发展水平参差不齐

轻工行业门类广、产品多，涉及食品、家电、造纸、家具、五金等 45 个行业，不同的行业有不同的产品特性，用户需求也不同，因此，电子商务的发展水平也不尽相同。如皮革、陶瓷、五金等行业处于电子商务初步试水阶段，但是，不难看出电子商务在轻工行业已经得到了更加广泛的应用，有力地推动了轻工业的发展。

2. 新型电商平台涌现, 成品制造企业销售转战 B2C 发展

随着信息通信技术以及商业模式的不断发展与创新, 近年来轻工行业电子商务的新交易平台层出不穷。大部分轻工业成品制造企业在采购及销售时选择入驻多家第三方平台, 借助第三方平台的日均流量优势以及批发性购买来节约成本, 或直接面向消费者或零售商销售来提高销售量, 比如深圳华南城网科技有限公司旗下的华南城网。部分自建平台的企业创造性地向下游开拓直接 B2C 电子商务, 减少了流通环节, 扩大了商业机会与销售渠道, 比如华为。

(三) 存在的问题

1. 传统企业电商升级转型的意识和力度有待提高

轻工业是中国的传统支柱行业, 其中许多产业都还停留在电子商务试水阶段。对供应链的电商模式价值能够带来的经济效益及竞争力增加还未能有充分的认识与规划。且各行业有自身的壁垒及需求特点, 其电商模式缺乏专业的团队对其进行量身打造与设计。

2. 电商网站数量众多, 但多处于信息发布的初级阶段, 缺乏面向客户的定制服务功能

在轻工业企业采购环节, 多数企业除了依赖第三方平台寻找供应商发布信息, 还不能实现在线资金、线下物流的交易模式。而自建平台的轻工业企业, 则多限于招标信息统一发布, 缺乏在线提交竞标书的窗口以及后续的配套物流和交易等功能, 这也说明了传统的轻工业企业缺乏对市场及用户的跟踪、分析, 更没有适度及时地对需求的变化做出有效响应的机制和能力, 即也缺乏了用户定制模式的生产方式。

(四) 发展趋势

1. 第三方交易平台不断集成创新

目前许多传统的轻工业都具有稳定的供应商及销售渠道, 上下游保持紧密的合作关系, 但是缺乏有效平台协作。第三方交易平台如果能够解决商品仅提供给一个特定的买主的问题便能提高企业入驻率。这项功能对于定制型的工厂尤为有用, 因为它们过去一直是为一个特别的客户提供特定的商品。如果有了这项功能, 这些客户便可以单独地在线浏览产品展示, 在享受 B2B 电子商务便

利的同时不必担心其商业秘密被泄露给竞争对手。许多第三方平台还提供供应链金融等附加增值业务,为信息、资金、物流的供应链流转提供了便利。

2. 通过大数据分析,提供个性化定制和优质售后服务

企业可以通过大数据集成分析,利用互联网对产品的售前、售中、售后各环节进行宣传和跟踪服务,对整个供应链系统进行计划、协调、操作、控制和优化各种活动和过程,能够以最小的成本将客户所需的正确产品,在正确的时间,按照正确的数量、质量和状态送达正确的地点。数字化定制生产,以标准化的部件组合构成客户的产品(或服务),以单个客户为服务目标,对客户需求给予最大限度的满足。它是在规模化基础上的定制生产。数字化定制生产并不是给企业提供无限的选择,而是提供适当数量的标准部件,并使之进行成千上万种搭配,既给客户一种无限选择的感觉,制造企业又可以对复杂的制造程序进行系统管理,以此最大限度地满足客户需求为导向来实现开拓市场、增加盈利的目标。

3. 农家入工厂

以当地特色农业产业为切入点,将传统产业的销售渠道与电子商务渠道进行融合,通过面向农村的电子商务平台和高效顺畅的物流网络,构建起从农家直达工厂的新型农产品供应商流通体系,使农村客户享受到公正的价格和较快的物流速度。

4. 扩大轻工业跨境电商应用

轻工业作为出口支柱产业,必须加大力度增强与信息通信技术的结合,扩大跨境电商应用,增加出口贸易,适应经济全球化的发展趋势,增强全球竞争力,不断挖掘创新销售服务机会,提升盈利空间。

二、纺织工业

(一) 发展现状

纺织工业是典型的劳动密集型产业,大力发展纺织工业符合中国劳动力资源丰富、纺织服装业劳动力过剩的国情。且纺织行业是低耗能、少污染的产业,基本对环境无破坏,属于"绿色产业",更是解决"三农"问题的有

效途径，出口净创汇的主力。

　　纺织行业的传统模式中，面料供应商数量多、所在地分散，找到合适的布料成为既困难又费时的一环，现如今，B2B 交易平台的存在，解决了信息不透明问题的同时又提高了选材等环节的速度。近几年，B2B 的电商平台交易模式迅速覆盖各类大宗商品领域，纺织布料的传统行业现在已站在了风口。在纺织行业发展电子商务，对减少生产成本、增加贸易机会、简化贸易流程、提高贸易效率是非常有效的。而电子商务作为一种高效便捷的手段和方式也已经越来越受到纺织服装加工企业的青睐。

　　纺织行业电子商务平台分为三种形式：企业自建平台、第三方交易平台和联合共建平台。其中第三方交易平台的运营模式分为信息服务模式以及交易服务模式，而 CBBS（即 C2C、B2B、B2C 的整合形式）作为新的服务模式正在崛起。

表 6-2　纺织行业电子商务平台类型

平台类型	基本模式	主要特点
企业自建平台	大型企业自建平台进行电子招投标采购、电子询比价采购等采购流程，方便其后台进行评审及筛选。或者自建官方销售平台，是制造企业 B2C 的销售模式	停留在招标目录页式的信息提供模式，缺乏在线提交竞标书及评审中标等在线流程展示。自主建设销售平台知名度不高，缺乏访问量
第三方交易平台	信息服务： 以供求商机信息服务为主的 B2B 模式，涉及行业较广，涉及企业数量多，产品品种繁多且标准化，主要通过电话营销线下交易 在线交易服务： 在线提供提交订单、物流资金等信息的交易模式 CBBS： 通过平台，以产业链为整体，以消费终端为主权模式，提供全产业链协同合作的设计、生产模式	一些平台停留在企业黄页式的信息服务提供，还有一些平台已经整合了信息、资金、物流资源能够进行在线网络交易行为。行业前端的 CBBS 模式的个性化定制模式平台兴起

续表

平台类型	基本模式	主要特点
联合共建平台	由大型集团与材料交易所等行业协会共同设立，旨在为行业提供精细化的行业动态及数据分析	收集全行业精细化品类的交易动态，汇编价格指数等监测数据，为行业提供价格、标准等服务

资料来源：中商产业研究院整理。

（二）发展特点

现阶段的纺织行业电子商务呈现出以下几个特点：

1. 产业集聚开展电子商务

从全国范围来看，以粤浙苏鲁沪五省市为首的电子商务区域发展模式日趋成熟。尤其是广东省，多数企业高管对市值管理和转型升级意愿强烈，企业的电子商务转型升级活跃度极高，灵活提升业绩的意识较强，形成了电子商务生态园等产业集聚地带，电商发展态势火热。用户活跃度最高的几个城市与纺织工厂聚集热门地区几乎重合，地区行业基础深厚，技术发展更新较快，政府扶植激励政策较为强劲，企业自身能力也较强，不少纺织加工企业已经开始转型升级，借助电子商务进行业务的拓展。同时，产业集聚带来的大型企业示范、带头等交流作用很好地辐射到产业链上下游的中小企业，形成了产业链与时俱进、齐头并进的良性循环。

2. 运营模式多元化，平台定位专业化

各平台呈现专业化、精细分工化的定位战略，且运营模式也呈现出多样化、多元化的发展态势，例如跨境电商平台、行业现货交易平台和订单众筹模式。尤其是订单众筹模式，互联网经济使得大客户消费占比越来越小，以中小客户为主的需求占比越来越大，但中小客户需求具有订单小、多批次、个性化等特征，工厂很难满足其需求。丽家网的订单众筹模式，可实现小订单、多批次、个性化需求的整合，整合订单后，统一下单给工厂生产，不仅能够大大提高效率，同时也让中小客户享受到了大客户 VIP 的价格与服务。

(三) 存在的问题

1. 布料网络展示存在技术局限

布料是一种在网络展示中存在特殊技术局限性的品类，由于布料是一种高度非标类的产品，即使花色相同，成分、手感等信息也很难用图片来传达。传统的触感、嗅觉等感官因素是决定布料质量和品质的一大评价标准，而网络在线的非实体画面展示存在无法传达精细、明确的手感等问题，为布料网络在线交易提供了困难；且如果要提高图片的精准度就需要大量信息，数据初始化的成本非常高，商家配合度不高，且效用不大。

2. 图片描述抄袭侵权、盗版仿款等问题难以完全杜绝

第三方交易平台在供应商管理问题上存在网络图片及描述抄袭侵权、盗版仿款等假冒货问题。纺织原料或成品，例如面辅料、纱线、原料、服装等不同于纺织机械或纺机配件具有标准化的特质，其图片会直接影响产品的质量与品质。然而，图片的制作成本和商业价值却都很高，精美的图片往往是原创卖家聘请专业的摄影公司、模特、形象代言人等合力制作完成的，投入不菲。而盗图等问题造成的影响是恶劣的，直接影响品牌及电商的信誉。

(四) 发展趋势

1. "消费者驱动" 商业模式以及消费者主权日益显现

原先纺织行业的生产销售模式大概是这样的：一个厂商出具一个设计稿给生产商，生产商需要先去采购原材料、辅料，然后打版，制作样衣，然后看样衣是否能让厂商满意，然后修改，下单。通过几个月的生产，制作出来，再分给门店销售。往往目前生产的服装，要到明年才销售。这就带来不少问题，一方面是设计是否与时俱进，另一方面门店销售也带来大量的库存积压。而现在则不同，往往是厂家先制作小批量的服装到网络上进行售卖，卖得好了，一般称之为 "爆款"，再加单，追加生产。随着男装消费不断升级，男装上市公司近期纷纷推出男装定制业务，主要是提供男士西装及衬衫定制，客户可线上下单，量体师上门服务，成本相对较高，但该业务模式无库存压力，同时利润相对较高。

这样的生产模式形成了"一切以消费者的需求为指导进行生产"的"消费者驱动"商业模式。而网络的销售模式在一定程度上承载了市场预售、市场销量评估、市场需求等传统商业模式中需要通过非常耗费成本的市场调查才能得到数据。

2. CBBS 供应链生产模式成为发展热点

CBBS 是一种新的电子商务服务模式，电子商务的商业模式主要包括 C2C、B2B、B2C 三种。CBBS 即为消费者、生产商、渠道商、服务提供商解决大部分问题的"一站式"平台。这一理念的提出，使整个供应链亟须建立从产品的数字化设计，原料电子化采购到数字化生产再到营销的"一站式"整合协同生产运作平台。

3. 虚拟成衣等科技助力极大突破了柔韧性生产限制

纺织产业柔性供应链整合服务平台已经实现了一根纱线在电脑里变为一件成衣的过程。这个"虚拟成衣"的过程不仅非常逼真，而且大大减少了制衣环节的成本。首先选择一根纱线，用特制的仪器对纱线进行扫描，这时，纱线的各种数据就显现在电脑屏幕上，如颜色、质地等。随后选择织片色卡，进行组织花样。通过电子演算，一根纱线就"变"成了一块带有花样和颜色的织片。再进行选择织片的位置，如胸口、衣袖等。配合虚拟模特的身高、体型，组织成一件完整的衣服，"贴"到虚拟模特的身上。通过不断放大，模特身上的衣服文理越来越清晰，最后连纱线上的纤维都可以看得清清楚楚。当客户对衣服的款式、花形不满意时可以立即进行调整。由此，不仅生产商可以通过这套系统简化服装的生产环节，消费者也可以通过"虚拟试衣"等功能挑选自己心仪的商品，为真正实现柔性制造奠定重要技术基础。

4. 平台网站提供多元化增值服务

平台网站作为服务中介，在收集了巨大交易量及交易特点之后，能够利用大数据分析，为行业提供各种多元化的增值服务及智力支持。

大数据分析。纺织服装业应当根据互联网的特性、大数据和云计算的集成与分析制定变革蓝图，实现网络精准营销和在线服务，有效满足多元化、多层次的市场需求。这是纺织行业向价值链延伸的重要途径。

三、医药工业

(一) 发展现状

医药行业是直接关乎人民群众人身安全及切身利益的产业，其互联网交易模式对药品卖方的认证及药品安全的监管提出了新的挑战。医药行业不同于其他行业，政府对医药电商是必须具有监管制度的，而政府的安全监控必须全面渗透进卖方市场的身份及产品认证才能全面保障人民群众用药安全，有效维护医药市场的秩序，并从源头上遏制销售假劣药品、放任违法犯罪活动。

医药电子商务的发展基本上可以概括为三个阶段：试点阶段、全面开放管理不足阶段、政府审批认证规范运营阶段。

第一阶段是试点阶段。2000 年，国家信息产业部选择了医药卫生电子商务作为全国行业类电子商务示范工程，这是电子商务在医药行业的开端。第二阶段是全面开放管理不足阶段。2002 年，电子商务试点审批被取消，各企业在办理了相关网站申报和审批后，可以自主开展医药电子商务 B2B 业务。但由于药品行业关乎民生，全权市场化运作会带来许多的安全隐患，2004 年，国家叫停了"除以取得药品招标代理机构资格的单位所开办的网站外"的一切互联网药品交易活动。在第三阶段中，医药电子商务回归了国家的管理控制，即市场自主规范运营的阶段。2005 年，医药行业电子商务 B2B 市场被纳入了国家法规管理。国家食品药品监督管理局（SFDA）核发《互联网药品信息服务资格证书》及《互联网药品交易服务资格证书》。国家退出了市场，而全面转向管控审批。社会不断提高对医药电商的重视程度，增强用户线上购药意识，加速了医药电商的发展。

(二) 发展特点

医药行业电商的发展业态至今呈现出以下三个特征：

1. 政府严格把关认证审批，规范市场秩序

现在，从事网络药品交易的企业需要国家食品药品监督管理局颁发的

《互联网药品信息服务资格证书》《互联网药品交易服务资格证书》才能进行在线药品交易，互联网药品交易服务的网站必须在取得《互联网药品信息服务资格证书》至少期满三个月后才能进行审批。而信息服务证书只能用于信息的发布，只有交易服务证书才能用于网络在线交易。

表6-3 医药行业电子商务平台资格分类

平台类型	认证类型	审批	服务范围
交易服务平台	A证	国家局	用于第三方交易服务平台，即只为药品生产企业、药品经营企业和医疗机构之间的互联网药品交易提供服务，不得为个人提供销售服务
	B证	地方局	用于药品生产企业、药品批发企业通过自身网站与其他企业进行的互联网药品交易，即属于自有生产或经营企业向其他企业的批发交易证书
	C证	地方局	服务方式是向个人消费者提供药品，但只能销售自营非处方药品

平台类型	模式	服务范围
信息服务平台	经营性	通过互联网向上网用户有偿提供信息或者网页制作等服务活动
	非经营性	通过互联网向上网用户无偿提供具有公开性、共享性信息的服务活动。以发布医药行业资讯和发布医药原料药、中间体、包装、设备、药品、医疗器械产品供应、采购和招商代理信息的专业网站，或者提供健康服务信息

资料来源：中商产业研究院。

而互联网药品交易服务资格认证的分类也直接决定了各家企业在医药流通环节的活动范围及经营特色。

国家的这一举措从根本上控制了卖方市场的身份认证，极大地提高了医药电子商务市场诚信机制管理，升级了医药电子商务市场的安全交易模式，加强了市民安全放心在线买药的信任机制，提升了国家监督管理机制以及安全责任可追溯水平性能，也是对医药电子商务市场责任制及社会信用机制最好的规范。

2. 各类平台深度专业化应用开发及运营

根据上述特征分析，可以看出，政府已经通过资格证书的发放自动设定好了平台职能的范围，因此各平台在申请到资格证书之后，会更加精细化地深度挖掘自身的平台优势，一些企业在三个分类基础上细分出中药与西药平台，更精准了自身的行业定位，从而更加专业化地探索交易的便捷性与安全性，更全面地开发应用功能。对于产业链来说，也更优化了行业市场资源配置。

A类第三方平台是行业中介性平台，其对信息安全技术的创新，用户身份认证的保障，药品多样性的管理要求相比B类、C类要更高。B类、C类平台是自营性平台，相对于A类平台来说，会更专注于其自身产品的全国市场动态，充分利用各种信息技术、管理技术与工具等，对医药产业链各个关键要素和创新内容进行选择、集成和优化，实现医药电子商务的集成创新。这是更有针对性的市场定位及战略调整的信息支撑应用，是加强产业链上下游紧密结合、灵活调整的载体，也是创新性的运营模式的升级转型。例如，广东康美药业股份有限公司，在完成康美中药网的基础上，还开发了中药材价格指数平台以及中药材现货大宗交易系统，打破了局限于区域性的产品价格信息提供与发布，为针对大宗商品行情预测以及行业研究、产业预测与分析等增值服务开创了先河，影响了整个中药专业市场电子交易发展。C类平台中部分以云计算和大数据为技术架构，建立了一个包括交易平台（"B2B+B2C"）、医药移动电子商务平台、信息平台（医药大数据平台、医药产品追溯平台、医药一对一交易服务平台）、金融平台（商付宝、供应链金融）、仓储物流平台为一体的医药电子商务综合服务平台。其供应链衍生产品，金融、物流、大数据的新型应用模式即是对产业链纵向的深度挖掘、改造与升级。

3. 大健康产业信息服务平台广受欢迎

现如今，大众对自身的健康状态及保健饮食等养生知识开始重视，由此医疗健康知识普及、健康管理、健康咨询等网站也受到了极大的欢迎。大健康产业不同于传统医疗产业发展模式，是一种从单一救治模式转向"防—治—养"

一体化的防治模式,是以保健食品、药妆、功能性日用品等为主的保健品产业,以及以个性化健康检测评估、咨询服务、疾病康复等为主的健康管理服务产业。

(三) 存在的问题

1. 医疗配送物流资格不符合

药品作为特殊的产品,对物流条件要求相对较高,整个仓储、运输、配送等物流领域都必须在符合国家《药品经营质量管理规范》(GSP)的标准下进行,但值得注意的是,目前广东省内绝大部分物流企业并不具备配送药品资质。正因为如此,对医药电商企业而言,目前物流配送是限制规模发展的"绊脚石",导致医药电商推出类似"1 小时达""药急送"等服务难以兑现。但这一难题正在被市场解决,目前医药电商平台七乐康获得国内首张医药 B2C 物流牌照,宣布成立广州七乐康现代医药物流有限公司,正式开始自建现代医药物流系统。对其他的医药电商企业而言,物流配送是目前其发展的一大"雷区"。虽然未来的《互联网食品药品经营监督管理办法(征求意见稿)》中也提到,医药物流可以委托第三方配送,但医药电商依赖第三方建设弊端较多。为了保障用药安全,符合药监部门的相关政策规定,并且减少第三方物流节假日停止运营产生的影响,建立自有的专业物流配送体系。医药电商物流不是简单的药品配送,而是在符合相关规定的前提下依托专业的物流设备、技术和物流管理信息系统,有效整合营销渠道上下游资源。因此,加快现有物流体系建设,提高物流企业配送效率和水平,是医药电商的当务之急。

2. 中药行业标准缺失及相关从业人员素质低

中药材标准的缺乏和从业人员素质偏低的制约,使中药电商的发展遇到瓶颈。由于中药材的特殊性,中药标准体系尚未建立,且标准的建立需要相当长的时间,网上交易存在一定的风险。在中药交易诚信机制中存在卖假药、虚假信息等信息不对称的漏洞,这在一定程度上阻碍了网上交易。同时,由于中药从业人员大都文化素质不高,很多从业人员不懂电脑,对于网络交易的安全性、规范性等更需要从零开始培训,从业人员的文化素质也很难在短时间内得到提高,极大地限制了中药与电商融合发展。中药电商相比西药电商，还存在制度不规范、服务内容单一、发展模式局限等问题，这些都是中药信息服务业发展必须要突破的壁垒。

3. 医保报销制度

在线上市场中，药品能否快速打开市场，放量销售、能否进入医保是关键因素。目前医保管理体制较为复杂，形式上包括城镇职工、城镇居民、新型农村合作医疗、大病医保、公费医疗、劳保医疗、商业医疗等；在管理权限上有省、市、县三级，不同地区报销标准和管理流程不尽相同。要在网上大范围地实现医保报销对接难度较大。监管部门的监管手段、水平暂时还跟不上互联网技术和市场需求，对于新模式中的"全产业链+互联网化"还没有从概念与实践上进行全面的吸收与贯彻。

(四) 发展趋势

目前的医药电子商务正处于认证增量的扩张期，传统的医药企业实现转型升级，打破传统交易模式，增加信息网络技术在医药流通领域的应用，也将引导传统制造业模式的变革和转型，重构我国医药流通体系。

1. 处方药网购开放迎来医药 2.0 时代

在 2014 年发布的《互联网食品药品经营监督管理办法》中提出"互联网药品经营者应当按照药品分类管理规定的要求，凭处方销售处方药；处方的标准、格式、有效期等，应当符合处方管理的有关规定"。处方药网购的开放使医药电商发生了翻天覆地的变化，如果过去以健康非药品为经营核心的医药电商被定义为 1.0，那么以处方为经营核心的电商则被定义为 2.0。处方药购买仍需要处方，而处方药必须由医生开具，"医疗资源"将成为医药电商获取"处方药用户"的流量入口，医疗服务与医药电商将深度结合。

2. 智慧医疗及医疗 O2O 兴起

目前，各种垂直电商平台开始尝试 O2O，力图打通线下环节，强调线上线下的 O2O 协同运作，强化高效医药服务，通过分症式辨证施治用药、集合式用药指导、互联式医药服务等进行协同操作，推动线上线下的高效互通、互联和互动，打造"高效医疗电商服务环"。线上线下的结合，除了对患者进行线上的对症诊断、网络沟通、用药指导外，更要指导患者在线下终端进行实际的病症复核、用药复核等，并且推动线上线下的患者数据同步、症状同步、用药方案同步等。只有线上线下的持续操作、复核设计，才能提升患者用药的安全感，提升其对医药电商平台的认同感，达到智慧医疗的统筹工作。

其他衍生 O2O 产品服务，例如医疗体检、咨询等开始逐步兴起，扩大市场效应，各医疗服务机构提供的体检套餐吸引众多关注健康的市民在线下单。

医疗 O2O 及智慧医疗最大的效果在于增加用户的黏性，从患者的第一触点——远程问诊、网络轻问诊、症状初诊、病情初断、用药建议等，到持续用药跟踪提醒，后期康复护理指导，无疑会极大地推动医药电商的全面发展。

3. 移动医药电商持续发展

移动医药正在成为各大企业抢占的战略布局点。中国医药物资协会发布的《2014 年中国单体药店发展状况蓝皮书》评价说："移动医疗 APP 已成为一片新蓝海。"中小连锁药店及广大的单体药店将成为移动电商战场争抢的"资源"。以 O2O 为主要方向的移动电商，打通"最后一公里"将成为决定胜负的关键一环，而输赢可能取决于谁真正能将线下广阔的实体布点与网络覆盖结合起来。

4. "一带一路"引领中药跨境电商发展

"一带一路"倡议作为中国与国际合作的新平台，为中医药事业的发展带来了新的机遇。"一带一路"倡议对中医药事业的发展是一个极大的利好。从长期来看，将对中药进出口贸易起到很大的促进作用，并通过文化先行、以医带药、发展服务贸易等方式进一步推动中医药"走出去"。短期来看，中药电商还存在许多问题，跨境电商还存在很多壁垒，但从长远来看，中药材跨境电商发展潜力巨大。

第七章

广东省各区域工业电商发展概述

根据广东省商务厅统计，广东是全国第一电子商务大省，2016 年广东电子商务交易额达 4.35 万亿元，同比增长 25.2%，跨境电子商务进出口 228 亿元，增长 53.8%，规模均稳居全国首位。2016 年广东 B2B 电子商务交易额、网络零售交易额同比增长 23.8%、29.3%，分别占电子商务整体交易额的 72.7%、27.3%。广东在钢铁、石化、塑料、粮食、汽车和电子等产业领域，涌现出一批有重大影响力的行业电子商务平台。唯品会、环球市场、一达通、兰亭集势等本土电商骨干龙头企业不断发展壮大。

第一节 全国工业电商试点区域——揭阳市

一、发展概况

揭阳市民营经济活跃，经过连年高速增长，已基本形成纺织服装、金属、石化、战略性新兴产业、食品饮料、玉器、皮革、电力、医药、玩具十大产业集群，对全市国民经济增长的贡献率高达 80%，成为揭阳市加快发展的主力军、增收富民的主渠道。

从 2013 年开始，揭阳的快递业务量和快递业务收入年均增长超过 200%；2016 年 10 月 18 日，揭阳市的快递业务量达到 160 万件，排在全国第 10 位，创造了单日快递量 5 年增长 800 倍的"揭阳速度"；2016 年揭阳市邮政业务总量、业务收入、快递业务总量、业务收入四项指标增速位居全省第一；2016 年 12 月 26 日，揭阳被国家邮政局评为广东省首个"中国快递示范城市"；2017 年 3 月初，阿里研究院发布了"2016 年中国大众电商创业排行榜"，揭阳市排在全国第 12 位，位居粤东西北地区第 1 位。

揭阳的快递物流产业走在全国前列，拥有"揭阳—长沙—杭州—长沙—揭阳"全国首条非省会城市间全货机固定航线，每天配货量超过 10 吨，推动了粤东产品的网上行和全国行。揭阳市 2013 年仅有 3 个省级分拨中心、26 家快递企业、3000 多名从业人员，如今已经发展到了 7 个省级分拨中心、

75 家快递企业、上万名从业人员,行业实力大幅提升,潮汕产业"网络港"初具规模。

揭阳市政府负责人表示,接下来将以打造"一个国家级快递物流示范产业园,六个快递物流示范片区"为目标,整合揭东军埔电商物流、揭阳产业转移工业园食品物流、揭西金和农产品物流、普宁市纺织服装物流、惠来冷链物流及中德国际物流等各种资源,完善各县(市、区)的快递服务网络,进一步推动当地特色产品"触电上网",强化各县(市、区)支柱产业与电商快递的对接融合。

揭阳快递业的高速发展,为该市的经济发展提供了强劲的拉力。根据国家邮政局的相关统计口径,以每票快件平均货值为 160 元计算,2016 年揭阳市的快递业向全国各地输送超过 530 亿元货值的商品,为该市经济的健康发展做出了重要贡献。

此外,揭阳市委、市政府近年来大力打造面向全国的电商免费培训基地,举办中国"电商好讲师"邀请大赛、中国电商人才擂台大赛,推动落实电商下乡、电商进厂、跨境电商三大工程,为揭阳发展电商赢得了先机。揭阳持续推动"十万电商大培训"活动,累计培训人员达到 16 万人次,为电商产业积累了大量的人才储备。揭阳现在是广东唯一的工业电子商务创新发展试点城市。

揭阳市近年来围绕打造成为"全国商贸流通之都"的发展目标,制定了一系列政策措施,吸引了阿里巴巴、京东、天猫科技等第三方电子商务区域中心进驻揭阳,引导并支持传统工业企业利用电子商务改造提升传统产业,成功打造了康美中药材网、普宁国际服装城电子商务园、阳美玉都信息化产业园等一批独具本地行业特色的平台。揭阳市工业电子商务发展势头强劲,行业平台建设初具规模,成效明显,先后获批开展国家电子商务示范城市创建、工业电子商务区域试点工作。

当前,揭阳市十大传统优势行业面临转型升级的倒逼压力,形势十分严峻,而全市电子商务正处于空前发展的历史机遇。加快行业性电子商务平台发展,有利于进一步整合产业资源、形成推动产业聚合发展的强大合力、支持传统行业抢占电子商务发展先机,有利于行业企业降低经营成本、提高经营效率、优化产业结构、有利于行业扩大对外开放、密切经贸合作交流、提升竞争力和区域影响力。

二、试点内容

(一) 总体思路

深入贯彻中共十八大和十八届四中全会精神，落实工业和信息化部及省委省政府的工作部署，以信息化与工业化融合为方向，坚持以电子商务为手段、以工业企业为基础、以推广应用为重点，着力引导优势行业抢抓信息技术革命机遇，积极应用电子商务，创新营销模式，拓展"微笑曲线"两端，推动产业转型升级，努力把揭阳市建设成为粤东电子商务中心和"网络商贸流通之都"，培育产业经济发展新动力和新优势，扎实推进工业强市建设。

(二) 试点内容

加快建设行业协（商）会。根据《印发〈关于加强行业协会（商会）建设的意见〉的通知》（揭委办发〔2012〕37 号）精神，发挥产业集群优势，指导传统特色产业创建行业协（商）会。充分发挥行业协（商）会牵头引领作用，支持各产业协（商）会加强与市电子商务协会的对接，集中力量，整合资源，强化协作，搭建人力资源、产业物流等电子商务公共服务平台，打造产业立交，为全市建设行业性电子商务平台提供强有力的支撑。

搭建行业电商会展平台。借助"中国淘宝村"军埔电子商务村示范效应，支持优势产业加快进驻军埔并建设展示中心，宣传揭阳特色产业。以"揭阳网上行"活动官方网站为载体，支持尚未搭建行业网站的行业协（商）会开辟专栏，推动行业企业触电上网。鼓励名优产品运用 O2O 进行线上集中宣传展示和线下互动消费，提高产品形象并扩大销售范围。

建设行业电商分销平台。以阿里巴巴、京东等具有影响力的电子商务平台落户揭阳为契机，推动各行业协（商）会与阿里巴巴、京东等开展对接活动，鼓励十大产业集群"上阿里、进京东"，建立行业电商分销平台，着力提升产业整体竞争力。

拓展行业电商应用范围。充分发挥普宁国际服装城的品牌作用，支持普宁纺织服装联合会积极探索"服装城实体+电子商务平台+创业园"的电商发展新模式，形成互相协调、互相支撑的电子商务业务体系，实现服装行业信息流、物流、商流、资金流的"四流合一"。鼓励有条件的传统制造业企业积极应用电子商务，支持工业企业开展网络批发零售、网上订货、在线支付等业务。

大力发展跨境电子商务。鼓励有条件的大型企业"走出去"，面向全球资源市场，探索开展跨境电子商务，促进产品、服务质量提升和品牌建设。支持玩具、金属等行业推进面向跨境贸易的多种电子商务平台建设。重点加快玩具产业电子商务集聚区和中德电子商务集聚区建设，提高企业拓展国际市场的能力。

推进电子商务园区发展。支持普宁国际服装电商产业园、国际玩具电商产业园、榕江国际电商公园、军埔电商村、电商仓储物流及产学研一体化基地、中德跨境电子商务园六大电商集聚区建设。鼓励各地依托产业园区，规划建设一批产业电子商务服务基地，强化电商企业和配套服务体系的集聚发展，形成特色明显、产业链完善、服务体系健全的园区电商服务中心，实现电子商务园区企业融合发展。

积极探索行业电商发展新模式。选取康美药业股份有限公司作为全市探索工业企业电子商务发展试点企业，支持康美整合中国中药材价格指数、中药材专业市场等优势资源，建设集"电子商务、现代物流、第三方质检、金融服务"于一体的康美中药网"e药谷"，着力打造全球性、开放性、低成本、高效率的行业电子交易市场，开创"实体与虚拟市场相结合"的中药材大宗交易平台发展新模式，引领全市、全省乃至全国中药材产业模式的转型与升级。以康美电商交易平台发展为示范，鼓励其他行业龙头骨干企业借鉴康美发展经验，加快建设具有区域影响力的行业电子商务交易平台，辐射带动区域企业发展。

加强行业电商人才培养。组织实施工业电子商务人才专项培训工作。鼓励市内高等院校、职业院校、培训机构等围绕网络运营、技术支持、物流快递、营销企划、设计包装、美术摄影等行业性电子商务发展亟须的专业人才开设相关专业课程，大力培养电子商务人才。

第二节 广东省工业电商主要区域

一、广州市

广州作为国家中心城市，电子商务创新发展活跃，2015 年，广州全市电子商务交易额超 1.5 万亿元，增长 15%，跨境贸易电子商务进出口 67.5 亿元，增长 3.7 倍，位居全国跨境贸易电子商务试点城市前列。据 2015 年阿里研究院发布的《新生态新网商新价值 2015 年网商发展研究报告》，广州市位列 2015 年网商创业活跃度地区排行榜第一名。

广州有三大电子商务聚集区：①琶洲互联网创新集聚区位于海珠区琶洲岛，目前，腾讯、阿里巴巴、上海复星集团、国美、唯品会、环球市场等 12 家企业已在琶洲设立 20 家地区总部或职能型的项目公司，注册资本达 80 亿元，注册资本超 1 亿元的有 15 家，超 10 亿元的有 5 家。②花地河电子商务集聚区位于荔湾区，已吸引唯品会、梦芭莎、广东塑交所、七乐康、绿瘦等多家本土龙头企业总部落户，2015 年实现电子商务交易额 4440 亿元，被商务部认定为"第二批国家电子商务示范基地"。③状元谷电子商务产业园位于黄埔区，是首批国家电子商务示范基地，建成总建筑面积达 38 万平方米，已入驻亚马逊、京东、苏宁、酒仙网、灵感摄影、谷网、广东省电子商务商会等 20 家电子商务企业和服务机构。

2017 年 9 月广州慧正电子商务有限公司、广州找塑料网络科技有限公司、广州阿拉丁电子商务有限公司、中经汇通电子商务有限公司等 16 家公司被确定为广东省工业和信息化领域电子商务试点单位①。

---

① 广东省经济和信息化委《关于公布广东省工业和信息化领域电子商务试点单位名单的通知》。

二、深圳市

深圳市自 2009 年创建国家电子商务示范市以来，电子商务交易额一直保持较快的增长速度，位居国家第一梯队。统计显示，2016 年，深圳电子商务交易额达 20348.89 亿元，同比增长 17.87%。其中，服务型企业交易额为 9852.50 亿元，占总交易额的 48.42%；应用型企业交易额为 10496.39 亿元，占总交易额的 51.58%。网络零售方面，深圳 2016 年电子商务网络零售额达 2294.45 亿元，同比增长 37.34%，占全市电子商务交易总额的 11.28%，网络零售额占比持续增长。

深圳电子商务产业不断集聚，电商园区引领示范效应明显增强。目前，深圳已建成以福田国际电子商务、南山蛇口网谷、前海跨境电商、罗湖互联网产业园等为代表的电子商务集聚区近 40 个，园区总面积超过 200 万平方米，近 7000 家互联网、电子商务企业入驻。各个产业园依据自身定位，为深圳经济和产业的发展创造了良好的环境。其中，华南城网定位于工业品采购交易平台，以品牌、品质、服务为核心，深入运营五金、焊锡、纺织、皮革等品类，开展大型 B2B 线上团购活动，为中小企业提供工业品原材料线上采购批发服务。

2017 年 9 月深圳保宏电子商务综合服务股份有限公司、深圳市朗华供应链服务有限公司、深圳市傲基电子商务股份有限公司等二十家公司被确立为广东省工业和信息化领域电子商务试点单位①。

三、佛山市

从 2015 年佛山市政府印发了"互联网+"行动计划以来，禅城区电子商务发展迅速，涌现了一批优秀的企业。例如，佛山众陶联网络科技有限公司依托禅城陶瓷产业，从供应链切入，以金融资本为驱动、互联网平台为支撑，将各陶瓷企业的采购集中到平台上，从而构建"B2B+O2O"的陶瓷产

---

① 广东省经济和信息化委《关于公布广东省工业和信息化领域电子商务试点单位名单的通知》。

业链全球性集采平台，降低采购成本。同时参与各方还将分享到平台所带来的供应链金融、大数据开发、资金池、资本市场回报等多重收益，最终构建陶瓷产业上下游协作共赢的生态系统。企业运行不到一年，已促成超过 220亿元线上交易，累计为陶瓷厂家节省采购成本约 12 亿元。2017 年，禅城区有 7 家企业入选全省两化融合管理体系贯标试点企业，占全市 13 家企业的54%。到目前，禅城区两化融合管理体系贯标试点企业总数达到 20 家，其中 7 家已通过两化融合贯标评定。在推进两化融合的同时，禅城区运用互联网信息技术，不断推动电子商务发展壮大，帮助传统优势制造企业利用电子商务节省交易成本，实现转型升级，助推佛山制造走出国门，抢占全球市场。

政府的扶持力度也对禅城区电子商务的发展起到了重要作用，2016 年禅城区政府出台并修订了《佛山市禅城区促进电子商务产业发展扶持办法及其实施细则的通知》（佛禅府办〔2016〕24 号），加大对禅城企业和园区的扶持力度。如今，在政府的扶持下企业转型升级已经收到初步成果。根据禅城区经济和科技促进局统计，2016 年禅城电子商务交易额达到 1381 亿元，同比增长 30.7%；2017 上半年，禅城区电子商务交易额达到 810 亿元，同比增长 26.2%。

2017 年 9 月，全国首个天猫工业电商服务中心落地佛山禅城区，服务中心是天猫探索线上线下一体化的"新零售"服务模式重要一环，致力于为本地商家提供"一站式"电商孵化服务。佛山作为全国先进制造业基地和广东重要的制造业中心，以建设现代制造基地为目标，近年来大力改造提升陶瓷建材、纺织服装、食品饮料等优势传统制造业，加快制造业与先进技术的融合，走工业化与信息化融合的新型工业化道路。天猫服务中心通过汇聚天猫商城优质资源扶持佛山禅城传统优势产业，有望带动本地产业转型提质。

2017 年 9 月，佛山市亚洲国际家具材料交易中心有限公司、广东飞鱼电子商务集团有限公司、佛山市东鹏陶瓷有限公司、欧浦智网股份有限公司等十五家公司被确立为广东省工业和信息化领域电子商务试点单位[①]。

---

① 广东省经济和信息化委《关于公布广东省工业和信息化领域电子商务试点单位名单的通知》。

四、珠海市

据广东省商务厅统计，2014 年珠海市电子商务整体交易额为 727.4 亿元，位列全省第七，2015 年，珠海市电商整体交易额为 902.5 亿元，同比增长 24.1%，但与先行地区相比，珠海电子商务还存在电商规模不大、应用水平较低、经营主体不强、专业人才缺乏、配套支撑体系不足等问题。在此背景下，2016 年珠海市政府出台了《珠海市关于加快电子商务发展的实施意见》，明确提出鼓励传统企业应用电子商务，支持生产制造企业创新电子商务模式，大力发展网络品牌，建立与珠海产业特色相适应的工业品网络零售和分销体系；鼓励商贸流通、文化旅游、医疗保健等产业，通过第三方平台或自建交易平台开展电子商务，扩大销售规模和市场份额。2017 年 1 月，珠海市金湾区区政府发布了《金湾区关于加快电子商务产业发展的实施意见（试行）》，通过资金扶持、补贴、奖励以及一企一策等方式，鼓励企业在金湾区发展总部经济，打造电子商务产业聚集区，从而强化金湾区电子商务产业支撑体系。

2017 年 9 月，同望科技股份有限公司、珠海市魅族通讯设备有限公司、珠海格之格数码科技有限公司等六家公司被确定为广东省工业和信息化领域电子商务试点单位①。

---

① 广东省经济和信息化委《关于公布广东省工业和信息化领域电子商务试点单位名单的通知》。

第八章

广东省工业电商发展措施

为了更好地推动广东省工业领域的电子商务应用和发展，相关的推进政策措施应遵循"促进普及、支持深化、鼓励创新、加强研究"的基本原则。

第一是在工业各行业普及电子商务应用时，要关注区域经济发展不平衡和行业信息化发展不平衡等问题，同时要根据不同行业的实际情况，因地制宜选取电子商务的发展和推广模式。

第二是要深化各工业行业的电子商务应用水平，推动企业的电子商务应用水平从交易服务进入全过程服务、从供应链管理进入供应链协同和商务协同。

第三是要鼓励工业各行业创新性应用电子商务，要树立和推动新技术、新应用的试点示范效应和良性发展。

第四是加强对电子商务重点领域和关键问题的研究，电子商务一直处于快速的创新发展当中，对于一些基本问题和重大问题，应当根据需要重点关注、加强研究。

第一节　加强政府层面规划引导

一、出台工业电商政策规划

当前，电子商务正在进入与实体经济深度融合的新的发展时期，既面临前所未有的重大发展机遇，也面临着规范化引导的严峻挑战。通过发展电子商务帮助企业建立起现代生产经营模式、降低运营成本、拓展市场空间、提高竞争力、创造新的经济增长点，是我们积极应对国际金融危机，实现保增长、调结构和增效益的重要手段，对于加快建设广东省现代流通体系、贯彻落实《中国制造2025》、深化市场经济体制改革、带动社会就业和转变经济发展方式等具有非常重要的意义。在省级层面上，应当强化对工业电子商务发展的宏观指导，在出台促进广东省信息化和工业深度融合专项行动计划、广东省工业电商"十三五"规划、广东省工业电商三年行动计划、加快发展广东省工业电商行动的指导意见等相关政策规划的基础上，继续加大对工业电子商务的规划与指导。

二、加大相关财税支持力度

坚持政府引导和市场运作相结合，不断完善促进工业电子商务发展的激励机制，加大财税支持力度，如实施合理降税减负。落实省级支持工业电子商务及相关行业发展的税收政策措施，以及与工业电子商务密切相关的高科技产业、以工业电子商务为载体的新型服务行业税收优惠政策。从事工业电子商务活动的企业，经认定为高新技术企业的依法享受相关优惠政策，小微企业依法享受税收优惠政策。

三、鼓励地方设立专项资金

在省级层面上鼓励地方设立专项基金，引导社会资本参与工业电子商务平台建设与整合，以多种方式支持工业电子商务支撑服务体系建设。专项资金管理遵循公开公正、依法依规、突出重点、绩效管理、科学分配的原则。

第二节 分地区、行业、企业推进发展

一、可实行先发区带后发区

根据广东省电子商务区域发展不均衡的现实情况，因地制宜、区别对待发展相关产业，同时也要注意加强交流、协调发展。

对于经济比较发达、信息化程度比较高、电子商务现实需求较强以及电子商务应用效益显著的地区，可继续加强试点示范等形式的效果，鼓励电子商务的创新和发展。

对于经济欠发达、信息化程度有待提高、电子商务需求和应用意识不强、电子商务人才匮乏的地区，可考虑通过加强人才培训、教育引导等形式提升电子商务应用意识和能力，同时创造条件加强与发达地区的经验交流。

对于电子商务从经济发达地区向不发达地区的推广，可以考虑采用技术移植、模式复制或资本扩张等形式。一些经济发达地区已经发展了依托专业市场、细分行业的交易服务的电子商务平台运作模式，积累了信息系统建设和平台运营经验，在有条件的地区可以采取信息技术外包建设、运行模式复制或者直接进行资本合作等形式，充分吸收利用已有的发展经验。

二、分类推进工业电商发展

广东省工业领域行业众多，不同行业的信息化基础有很大差异，电子商务应用水平也有很大差别。钢铁、石化和汽车等企业规模较大、信息化建设和应用程度较高的行业，企业电子商务应用水平也相对较高，并且正在向适应行业供应链发展需求的协同商务方面发展，大型企业对上下游企业起到了良好的辐射与带动作用。

不同行业的产业结构、市场结构、产品特性和企业规模也有很大差异，在产品标准化、流程规范化等方面也有不同特点，这些因素也会导致工业电子商务应用的不平衡。在推动工业电子商务发展时，需要结合特定行业的产业、市场、企业和产品特点，选择适宜的发展模式，分类推进。

三、提倡大企业带中小企业

大企业对上下游供应商和经销商等中小企业往往具有强大的吸引力和支配能力。不少大企业拥有众多原材料、零配件供应商和产品经销商，以大企业为核心构成了庞大的供应链体系。因此，以大企业为核心，按照供应链关系构筑企业电子商务系统，并带动中小企业电子商务应用与参与，是促进中小企业电子商务应用与发展的重要途径。

充分发挥骨干企业在电子商务采购、销售等方面的带动作用，以产业链管理为基础，以价值链延伸为核心，以供应链协同为重点，整合并关联上下游中小企业的相关资源，实现大型企业和中小型企业业务流程的融合和信息系统的互联互通，通过大企业的带动作用提高中小企业电子商务应用水平，提高产业链上企业群体的反应能力和综合竞争力。

第三节　完善工业电商技术支撑体系

一、支持工业电商平台建设

支持行业电子商务平台的建设。支持面向工业行业的电子商务信息服务平台、交易服务平台和综合服务平台的创新发展。支持信息服务类第三方B2B电子商务平台向交易服务平台的升级发展，支持交易服务类第三方B2B电子商务平台的服务集成和业务扩张，总结推广综合型服务平台发展的有效经验，实现通过电子商务平台促成网上交易降低交易成本、提高市场资源配置效率的积极作用。

创新工业生产组织方式。加快推动电子商务应用向工业研发设计、加工制造、原料采购、库存管理、市场营销等环节渗透。鼓励大型工业企业建立开放的电子商务采购平台，支持有条件的大型电子商务平台面向工业行业构建垂直电商平台，推动制造业加快转型升级。在原材料、装备制造、消费品等领域，支持制造业企业利用电子商务创新营销模式，发展柔性制造、大规模个性定制等创新型工业生产组织方式，提高供应链整体竞争能力。

二、加大电商技术投入力度

随着技术环境的不断改善，新一代信息技术不仅将改变相关产业及整个信息化建设的格局，也将给电子商务本身带来重大影响。电商化采购通过互联网的高效连接，达成采与销的对接，达到降本增效的目的。随着物联网、云计算、大数据、人工智能等新一代信息技术在电子商务平台上的应用，电商化采购将得到智慧化升级。因此，全省应加大新一代信息技术投入力度。

完善网络基础设施建设。进一步优化完善网络基础设施，加快宽带、新一代移动通信技术等网络建设，深化大数据、云计算应用。有序开放电信市场，充分调动民间资本参与市场竞争，持续推进网络的提速降费，不断提升服务水平。鼓励电信增值业务在工业电子商务领域的发展，推动电信产业链和工业电子商务产业链协同发展。维护宽带市场竞争秩序，加强电信市场监管，加快建设高速畅通、覆盖城乡、质优价廉、服务便捷的宽带网络基础设施和服务体系。加大对工业电子商务产业园区网络资源建设的投入，全面提升产业聚集区通信服务能力和信息化服务水平。

三、提高物流的信息化水平

物流是电子商务的重要支撑，加快物流支撑体系建设，全面提高物流行业的运行和经营效率，对电子商务的未来发展具有重要意义。目前，广东省对物流信息化的认识还不够，对通过信息化引领现代物流业发展缺乏整体认识和系统考虑，建议继续加强物流信息化发展的规划引导，并从物流系统的整体运作需求出发，研究建立包括物流信息技术标准、物流信息资源标准、物品标识标准等在内的物流信息化标准体系，推进物流信息服务平台的建设，探索以信息化引导物流业与制造业联动的发展思路和模式，从而全面提升物流业的信息化发展水平，形成对全省工业及其电商发展的重要支撑。

第四节　完善工业电商服务配套体系

一、成立工业电商联盟组织

采用"政产学研用"联合推动的模式，凝聚整合骨干企业、科研院校和服务机构等社会资源，以企业为主体，以科研院所为依托，在政府行业主管部门的指导下，成立工业电子商务联盟组织，实现工业电子商务服务资源的集成与共享，促进协同创新，加快工业电子商务深度应用的技术和制度瓶颈的突破。

二、强化工业电商理论研究

对于关系到工业电子商务发展的基础问题和热点问题展开理论研究，提出创新性和针对性的解决方案，切实推动工业电子商务的快速发展和深度应用。如促进中小企业电子商务应用的实现形式问题、政府支持第三方电子商务服务平台的机制问题、区域性电子商务平台的推广问题、工业电子商务市场的监管和引导问题、工业电子商务支撑体系建设问题以及中国物联网等前瞻性课题等。

三、促进工业电商经验交流

总体来看，我国工业电子商务还处于发展规模较小、质量不高、结构有待优化的初级阶段。加强国内外、行业和企业间的经验交流，对于提高我国电子商务整体发展水平将起到积极作用。

鼓励有关部门、企业积极参加电子商务的国际组织，参与国际电子商务的重要规则、标准、条约与示范的研究与制定工作。密切研究和跟踪国际电子商务发展的动态和趋势，加强技术合作，促进我国工业电子商务与国际电子商务的融合，提高我国在国际产业链分工中的地位。

加强国内行业和企业间的交流与合作。积极开展不同行业工业电子商务发展的经验交流会，推动形成工业行业的电子商务标准和流程。树立行业电子商务应用标杆企业，发挥标杆企业的模范带头作用。积极开展工业电子商务试点示范工程，总结可在不同行业推广应用的有效经验。

四、培育工业电商复合人才

工业电子商务的发展，不仅需要高新技术人才，而且需要大量的掌握现代信息技术和现代商贸理论与实务的复合型人才。政府要采取多种形式，加快电子商务专业人才的培养。加强工业各行业电子商务人才需求预测和调查，制定科学的培养目标和规划，发展多层次教育体系和在职人员培训体系。利用社会资源，鼓励企业与大学、研究机构合作，编写精品教材，提高各类人才的实际操作能力，强化职业技能教育，逐步开展电子商务领域的职业资质培训与认证工作。加强同国外电子商务教育与培训机构的联合与合作。

五、深化工业电商国际合作

结合"一带一路"倡议，拓展国际市场，利用双边、多边等国际合作机制，将工业电子商务作为技术、园区、标准合作及人才交流的重要内容，实现优势互补、共赢发展。密切研究和跟踪国际工业电子商务发展的动态和趋势，完善跨境工业电子商务发展环境。

推动工业电子商务走出去，积极探索以跨境工业电子商务贸易方式推动广东自主品牌"走出去"。鼓励全省工业、制造业、外贸企业与国际工业电子商务平台合作，延伸工业贸易流通产业链。加强工业电子商务国际合作，简化工业电子商务企业境外直接投资外汇登记手续，拓宽其境外直接投资外汇登记及变更登记业务办理渠道。鼓励跨境工业电子商务企业建立海外营销网络，推进广东省与重点国家及地区建立跨境工业电子商务合作机制。

工业和信息化部关于印发《工业电子商务发展三年行动计划》的通知

工信部信软〔2017〕227号

工业电子商务是电子商务在工业流通、生产、服务全流程的深化应用，是工业领域基于网络交易的新型经济活动。发展工业电子商务，有利于激发企业创新活力、拓展市场发展空间、创新经营管理模式、优化资源配置效率，是制造业数字化、网络化、智能化的重要引擎，是制造业转型升级的重要抓手，是制造业新旧动能转换的重要途径。为大力推动工业电子商务创新发展，特制定本行动计划。

一、总体要求

（一）指导思想

全面贯彻党的十八大和十八届三中、四中、五中、六中全会精神，牢固树立和贯彻落实创新、协调、绿色、开放、共享的发展理念，深化制造业供给侧结构性改革，以工业电子商务普及应用为主线，以发展工业电子商务平台为重点，创新工业企业交易方式、经营模式、组织形态和管理体系，夯实工业电子商务关键基础设施，加快区域产业结构调整，不断激发制造业企业创新活力、发展潜力和转型动力，推动制造业新旧动能转换，加快制造强国和网络强国建设。

(二) 基本原则

坚持创新引领。围绕大型工业企业采购销售模式的在线化、网络化、协同化，创新交易、营销、物流和管理模式，深刻把握工业电子商务平台功能多元化、服务精细化发展趋势，引领资源配置方式、产业组织形态和区域发展模式创新。

坚持变革转型。围绕产品、服务、资源和能力的在线交易和开放共享，基于电子商务开展个性化定制、发展服务型制造、促进创业创新，培育新产品、新模式和新业态，推动工业企业生产方式、组织方式和管理体系变革。

坚持分业施策。深刻把握电子商务在不同行业、环节的扩散规律和融合方式，结合工业行业信息化基础、产业特征、市场环境的差异性，完善工业电子商务推进机制和政策体系，加快形成多元化的电子商务发展模式。

坚持优化环境。大力推进机制创新、管理创新和服务创新，通过开展试点示范、夯实基础设施、完善投融资机制、强化安全和信用保障，加快建立安全可信、规范有序的工业电子商务发展环境。

(三) 总体目标

到 2020 年，工业电子商务应用进一步普及深化，建成一批资源富集、功能多元、服务精细的工业电子商务平台，工业电子商务支撑服务体系不断完善，发展环境进一步优化，线上线下融合水平逐步提升，形成开放、规范、诚信、安全的工业电子商务产业生态。

——**工业电子商务普及应用不断深入**。规模以上工业企业电子商务采购额达到 9 万亿元、电子商务销售额达到 11 万亿元，重点行业骨干企业电子商务普及率达到 60%，成为激发企业创新活力的重要引擎。

——**工业电子商务平台服务水平持续提升**。培育一批优势突出、功能完善的工业电子商务平台，平台专业化、精细化水平逐步提升，成为带动企业提质增效、促进制造业转型升级、培育区域产业新生态的重要载体。

——**工业电子商务支撑服务体系基本形成**。围绕工业电子商务共性需求和关键环节，加快形成物流体系高效便捷、网络设施高速泛在、标准规范体系完善、交易保障机制安全可控的工业电子商务支撑服务体系。

——工业电子商务发展环境日趋完善。工业电子商务发展的政策和工作体系不断完善，形成更加浓厚的工业电子商务应用氛围，营造健康、诚信、有序、安全的工业电子商务发展环境。

二、主要行动

（一）大企业工业电子商务发展水平提升行动

1. 行动目标

大型工业企业采购销售的在线化、网络化、协同化水平大幅提升，成为推动企业降本、提质、增效和创新管理模式的重要手段，在重点行业涌现出一批由大企业主导建设的工业电子商务平台，不断提升行业供应链高效便捷、柔性智能、开放协同水平。

2. 行动内容

提高网络集中采购水平。围绕传统采购模式从线下向线上迁移，鼓励大型工业企业普及完善供应商管理系统，建立网上统一采购平台，推动物资编码标准化、供应商管理一体化、采购需求协同化、采购流程规范化，加快采购、订单、库存、财务等系统的高效集成，形成透明、高效、低成本的网络集中采购体系。依托网络集中采购平台，推动供应链上下游企业订单、生产、库存等信息的实时交互，实现供应仓储、生产计划、物流配送的精准对接、快速响应和柔性供给，提高产业链整体协作水平和综合竞争力。

提高网络化营销水平。围绕推动大型工业企业销售的在线化、网络化，完善客户关系管理系统，建立全网覆盖、品类丰富、功能完善的网上销售平台，提供在线支付、物流配送、融资租赁和产品全生命周期服务，打造线上线下融合、产供销一体的营销新体系。鼓励大企业面向终端客户的定制化需求，建立线上线下结合、需求实时感知的用户信息采集体系，推动订单信息与企业生产经营管理系统的高效集成与精准响应，加快研发设计、生产制造、供应链管理等关键环节的柔性化改造，实现基于电子商务的个性化产品服务和商业模式创新。

  支持大企业电子商务平台建设。鼓励大企业网络集采集销平台向第三方电子商务平台转型，面向行业用户的采购销售需求提供在线交易、支付结算、物流配送、信息技术等服务，提高行业整体采购销售数字化、网络化、集约化水平，支持认证、检测、渠道、技术、信用等在线交易资源和能力的开放，构建资源富集、创新活跃、高效协同的"双创"平台，促进创业创新要素集聚发展。支持大企业电子商务平台与金融机构、物流企业加强战略合作和数据共享，构建多元化的中小企业信用信息收集渠道，完善征信机制，开展信用销售、融资租赁、质押担保等供应链金融服务，有效缓解中小企业融资难问题。

（二）重点工业行业电子商务平台培育行动

1. 行动目标

  深刻把握工业电子商务发展的特征、规律和趋势，培育一批优势突出、功能完善、能力开放的工业电子商务平台，持续提升平台专业化、精细化、规模化水平，成为推动传统产业降低交易成本、提升资源配置效率、增加有效供给、优化产业结构的重要载体。

2. 行动内容

  创新大宗原材料电子商务平台发展模式。鼓励钢铁、石化、有色、建材等大宗原材料电子商务平台创新发展，加快从行业信息平台向交易服务平台转型，构建集订单交互、电子单据、在线交易、在线支付于一体的交易服务体系，实现交易全流程的在线化和网络化。推动大宗原材料电子商务交易服务平台向综合服务平台发展，面向多样化、碎片化的用户需求，完善在线交易、支付结算、加工配送、信用贷款、质押担保等服务体系，提供线上线下融合的一站式服务。

  加快培育装备和电子信息行业电子商务平台。引导机械、汽车、电子信息等行业电子商务平台从信息交互向在线交易、融资租赁等一体化服务演进，拓展设计加工、配送安装、监测诊断、维保回收等产品全生命周期服务，发展个性化定制等新模式、新业态，积极培育二手设备电子商务交易平台。支持零配件电子商务平台围绕用户个性化需求，与供应链上下游企业加强协作，完善零配件模型库、数据库，缩短个性化产品交货周期，提供订单交易、仓储物流、资金结算等一站式采购服务，降低采购成本。

提升消费品电子商务平台服务水平。推动轻工、纺织、食品等行业电子商务平台，面向上游采购和下游分销，为上下游企业提供在线交易、物流配送、融资和供应链管理等服务。推动消费品电子商务平台发展品质电商、品牌电商，加快提升物流配送、产品追溯、售后服务等综合服务水平，支持工业企业建立网络化经营管理模式。面向消费升级和个性化需求，发展以销定产和个性化定制等新型生产方式，进一步发挥电子商务引导生产、引领消费的积极作用。

加快培育跨境工业电子商务平台。支持大型工业企业结合企业国际化战略布局，整合上下游企业、物流企业、金融机构等多方资源，建设跨境工业电子商务平台、海外物流仓储和跨境支付渠道，推动海外订单信息与企业生产经营管理系统的高效对接，形成互利共赢、协同发展的国际合作模式。鼓励发展面向重点工业行业的第三方跨境电子商务平台，围绕工业企业"走出去"，建立集询单报价、交易支付、海运物流、货运代理、单证服务、信用保险等于一体，高效便捷的一站式跨境电子商务服务体系，成为企业拓展海外市场和加快品牌培育的重要渠道。

(三) 中小企业工业电子商务推广行动

1. 行动目标

工业电子商务在提升中小企业创新能力和推动生产经营方式变革等方面的作用明显增强，培育一批有效运用电子商务、具有创新发展优势、竞争力强的中小企业，不断提高中小企业与大企业互动创新和协同制造的能力，打造大中小微企业融通发展新局面。

2. 行动内容

推动中小企业交易方式和经营模式的网络化。鼓励中小企业依托第三方工业电子商务平台开展委托采购、联合采购、即时采购等网络采购新模式，降低运营成本，提升运营效率。支持中小企业基于电子商务平台，发展网络直销、社交电商等网络营销新模式，加快销售渠道拓展和品牌培育。支持中小企业利用电子商务等互联网平台开展工艺设计、快速原型、模具开发和产品定制等新业务，推动自身研发、采购、生产、销售、服务等各环节的变革，培育基于电子商务的个性化定制模式。

加快中小企业制造能力和资源开放共享。推动中小企业制造资源与电子商务平台全面对接，实现生产加工、计量检测、测试验证、物流配送等制造能力的在线发布、协同和交易，积极发展面向制造环节的分享经济，打破企业边界，共享技术、设备和服务，提升中小企业快速响应和柔性高效的供给能力。围绕品牌培育、网上销售、物流配送等业务，支持中小企业与基于互联网的开放式"双创"平台开展合作，整合线上线下交易资源，拓展销售渠道，打造制造、营销、物流等高效协同的生产流通一体化新生态。

(四) 区域工业电子商务培育行动

1. 行动目标

围绕区域产业转型升级的新特点、新要求和新趋势，推动工业电子商务成为区域产业集群集约化、网络化和品牌化改造提升的重要引擎，涌现出一批创新能力突出、带动作用强的示范园区，形成优势互补、合作共赢、协同发展的区域产业新生态。

2. 行动内容

培育基于工业电子商务的区域产业新生态。支持"中国制造2025"试点示范城市（群）、国家智能制造示范区、国家信息消费试点示范城市等区域，积极推动主导产业与电子商务渗透融合，进一步普及深化工业电子商务应用，促进工业电子商务平台、第三方物流、金融机构等参与主体的协同创新和互动发展，培育一批工业电子商务示范区。支持区域立足产业优势和特色，围绕传统产业转型升级和工业电子商务健康发展，健全系统化推进机制、体系化引导政策、平台化服务体系，构建多元化投融资和人才培养体系，培育基于工业电子商务的区域产业新生态。

培育"电子商务+特色产业集群"示范园区。支持各地面向产业集群、区域特色产业和各类专业市场，培育和发展一批适应区域产业结构、市场结构和电子商务应用水平的电子商务平台，为企业提供在线交易、供应链管理、融资等专业化、特色化、一体化服务。围绕产业集群的集约化、网络化、品牌化提升改造，鼓励特色产业集群积极引进国内外知名工业电子商务平台，推进产品和资源在线化、产能柔性化、产业链协同化，培育一批工业电子商务特色产业集群，实现线上线下融合发展，加速特色产业集群新旧动能转换。

（五）工业电子商务支撑服务体系建设行动

1. 行动目标

工业电子商务支撑服务体系建设步伐不断加快，安全可控的交易保障能力显著提升，高效便捷的物流体系不断夯实，高速泛在的网络设施基本建成，体系完善的标准规范加速普及，营造健康、诚信、有序、安全的工业电子商务发展环境。

2. 行动内容

夯实工业电子商务物流基础。支持物流企业加大对物流基础设施信息化改造，提升仓储配送智能化水平，加快建立现代物流服务体系，支持"互联网+"高效物流新模式、新业态发展，建设集约化、网络化、协同化、智慧化的物流骨干网。推动跨区域跨行业的智能物流信息平台建设，对接制造、商贸、金融等行业转型升级和融合发展需求，形成集物流信息发布、在线交易、数据交换、跟踪追溯、智能分析等功能为一体的物流信息服务中心，打造开放、透明、共享的供应链协作模式。

提升网络基础设施水平。继续实施"宽带中国"战略，构建新一代信息通信基础设施，推动高速光纤网络跨越发展，加快建设先进泛在的无线宽带网，优化网络结构布局。完善互联网和物联网应用基础设施，推进电信基础设施共建共享、互联互通，引导云计算数据中心优化布局，推动数据中心向规模化、集约化、绿色化发展。加强移动互联网、物联网、云计算、大数据、移动智能终端、智能硬件、北斗导航等技术研发和综合应用，提升安全可靠水平，推进核心技术成果转化和产业化。

完善工业电子商务标准规范体系。支持行业组织、电子商务平台和龙头工业企业加快研制工业电子商务基础术语、产品核心元数据、企业核心元数据、工业电子商务平台运营与技术规范等基础性标准，统一线上线下产品编码标识，推动工业产品交易模式的在线化和网络化。鼓励企业建立健全数据采集、交互、应用和管理标准，引导工业电子商务健康发展。

健全工业电子商务信用和安全保障体系。加强工业电子商务参与主体信息的汇集整合，建设工业电子商务市场主体信息库，推进工业电子商务信用信息公示，提高工业电子商务交易可信度。在工业电子商务领域推广数字证书、电子合同，建立工业电子商务电子认证信任体系，对违法失信市场主体进行联合惩戒。支持企业建立工业电子商务网络安全防护体系、数据资源安全管理体系、网络安全应急处置和灾备体系，提高工业电子商务交易的安全性。

三、保障措施

（一）强化组织保障

在电子商务发展部际综合协调工作组的统一领导下，健全工业电子商务政策体系，加强宣传推广，加大统筹协调力度，跟踪产业发展态势，全面落实行动计划各项任务。各地区、各行业要加强对本行动计划的贯彻落实和组织保障，积极探索新方法、新路径，营造良好发展环境。

（二）加强政策引导

坚持政府引导和市场运作相结合，不断完善促进工业电子商务发展的激励机制，加大财税支持力度，充分利用现有资金渠道，加大对工业电子商务发展关键环节和重点领域的支持力度。鼓励地方设立专项基金，引导社会资本参与工业电子商务平台建设与整合，以多种方式支持工业电子商务支撑服务体系建设。

（三）完善服务体系

充分发挥协会、联盟等行业组织作用，加强对工业电子商务运行态势监测分析，对重点区域、重点行业、重点企业电子商务运行态势进行监测和评估，研制工业电子商务发展指数，发布年度《中国工业电子商务发展报告》。多渠道整合工业电子商务相关信息，推动工业电子商务平台依法向政府主管和监管部门开放数据资源，加快建立适应工业电子商务发展规律的治理机制与监管体系。

（四）开展试点示范

围绕工业电子商务深化应用和创新发展，选择一批基础较好、创新性和带动性强的重点区域、行业、企业开展试点示范，探索工业电子商务发展新模式、新机制。总结实践经验，挖掘典型案例，推动开展全国工业电子商务深度行活动，探索形成可复制、可推广、具有示范带动作用的行业解决方案。

（五）深化国际合作

结合"一带一路"等国家重大战略，深入推进跨境电子商务综合试验区建设，鼓励工业企业和电子商务平台加强合作，拓展国际市场，推动产品出口和企业"走出去"。利用双边、多边等国际合作机制，将工业电子商务作为技术、园区、标准合作以及人才交流的重要内容，实现优势互补、共赢发展。密切研究和跟踪国际工业电子商务发展的动态和趋势，完善跨境工业电子商务发展环境。

广东省经济和信息化委印发《广东省工业电子商务发展实施意见（2018-2020 年）》的通知

粤经信生产〔2018〕65 号

各地级以上市经济和信息化主管部门，省属有关企业、有关单位：

现将《广东省工业电子商务发展实施意见（2018-2020 年）》印发给你们，请结合实际认真贯彻执行。执行中遇到问题，请径向我委生产服务业处反映。

广东省经济和信息化委
2018 年 3 月 27 日

广东省工业电子商务发展实施意见
（2018-2020 年）

工业电子商务是电子商务在工业流通、生产、服务全流程的深化应用，是工业领域基于网络交易的新型经济活动。为推动我省工业电子商务创新发展，发挥工业电子商务对制造业数字化、网络化、智能化的引擎作用，促进制造业新旧动能转换和转型升级，提升我省制造业竞争力，根据《工业和信息化部关于印发〈工业电子商务发展三年行动计划〉的通知》（工信部信软〔2017〕227 号）精神，现结合我省实际提出以下实施意见。

一、指导思想和发展目标

（一）指导思想

以习近平新时代中国特色社会主义思想为指导，认真贯彻落实党的十九大精神和新发展理念，围绕发挥工业电子商务在汇集工业全要素、优化工业资源配置中的作用，以引领工业企业创新发展和促进制造业进一步降本提质增效为方向，以示范培育和应用推广为抓手，超前布局，着力打造面向未来、国内领先的工业电子商务生态体系，激发工业企业发展活力和创造力，加快推进制造强省、网络强省和数字强省建设。

（二）发展目标

到 2020 年，规模以上工业企业电子商务交易额超过 1.5 万亿元，规模以上先进制造业企业互联网销售率和采购率分别提高到 75% 和 70%，重点行业骨干企业电子商务普及率超过 60%。培育 50 个以上省级工业电子商务示范平台，25 个以上省级工业电子商务示范（园）区，20 家以上省级工业电子商务模式创新示范企业，100 家以上省级工业电子商务示范服务商，建成一批交易规模位居全国前列、服务水平领先的工业电子商务平台体系，制造业与电子商务深度融合的新业态、新模式成为经济增长新动力，在国内率先形成门类齐全、功能完善、服务领先的工业电子商务支撑体系。

二、主要任务

（一）提升大型工业企业电子商务应用水平

1. 提高网络集中采购和网络营销水平

推动我省大型工业企业与互联网加快融合，按照两化融合管理体系贯标要求，开展物资编码标准化、采购流程规范化等信息化改造，加大研发投入建设网上统一采购平台。加快建立与广东产业特色相适应的工业品网络零售和分销体系，支持大型工业企业建立功能完善、品类丰富的网上营销平台，打造线上线下融合、产供销一体的营销新体系。鼓励供应链服务企业构建采购平台和销售平台，帮助企业实现阳光采购和网络销售，开展零库存管理，推动大型企业供应链上下游企业订单、生产、物流、库存等信息实时交互、精准对接，促进生产端优化配置和生产资源的柔性供给。到 2020 年，重点培育 15 家营业收入超百亿元的平台型供应链服务企业，为大型工业企业开展网络集中采购和网络营销提供支撑。

2. 支持大型企业电子商务平台建设

鼓励大型工业骨干企业采购销售平台向第三方电子商务平台转型，支持大型工业企业建设纺织服装、食品饮料、建筑材料、家具制造、家用电器、金属制品、轻工造纸、中成药制造等工业电子商务垂直平台，为行业用户提供研发设计、在线交易、物流服务、融资结算、品牌运营等一体化服务。推动大型工业骨干企业建设基于电子商务的"双创"平台，开展企业内外部创新创业活动，推动电子商务人才、技术、资本、服务等高端要素向工业制造集聚发展。推动平台整合客户、市场、渠道、数据和技术等资源，与金融、担保等机构合作，为上下游的中小微企业提供供应链金融服务。到 2020 年，培育 15 个以上大型企业电子商务示范平台。

(二) 支持大宗原材料电子商务平台创新发展

3. 加快行业信息平台向交易服务平台转型

支持塑料、有色金属、化工、建材等现有大宗原材料交易平台利用电子商务、移动互联网等技术，加快从传统信息撮合平台向专业交易服务平台转型发展，由传统线下交易模式向高效、便捷的线上交易模式转变，实现大宗原材料交易全流程的在线化和网络化。重点推动大宗原材料生产、消费和运输集散地加快建设电子商务交易平台。到 2020 年，广州、深圳和佛山率先培育若干个超 100 亿元的大宗原材料交易服务平台，有条件的地区培育一批超 10 亿元的交易服务平台。

4. 推动有规模有实力的交易服务平台向综合服务平台升级

推动大宗原材料交易平台依托平台资源及数据积累应用，建立集大数据服务、电子商务交易服务、供应链金融支持为一体的综合服务平台，重点支持各行业内交易额和增速领先的平台按国内一流的 B2B 电子商务平台标准，完善信息发布、线上撮合、在线交易、支付结算、物流配送、价格追踪、供应链金融、信用评估、信用支付等服务体系。到 2020 年，率先在钢铁、塑料、化工、中医药等行业领域，培育若干个交易额大、运营能力强、服务能力国内领先的大宗原材料电子商务综合服务平台。

（三）培育优势产业行业电子商务平台

5. 重点培育装备制造业电子商务平台

聚焦我省装备制造业产业集群，培育建设一批功能完善、特色鲜明的行业电子商务平台，引导产业链中小企业和供应链配套企业在平台上开展在线交易，推动装备制造企业利用平台开展在线诊断、设计加工、配送安装、监测维修、质量诊断等产品全生命周期管理服务，开展制造业服务化转型。到2020 年，各地根据本地优势行业，重点在工作母机制造业、机器人、新能源汽车、高端海洋工程及海上风电装备、轨道交通装备、通用航空及卫星应用、节能环保装备、光电装备、高端医疗装备等行业，培育若干个装备制造类电子商务平台。

6. 重点培育电子信息行业电子商务平台

聚焦珠江东岸电子信息产业带，率先在高端电子信息制造业领域，加快建设电子信息行业电子商务平台，引导平台企业利用工业互联网将业务流程与管理体系向上下游延伸，围绕用户个性化需求深度开发，提供网络协同设计、零配件模型设计、虚拟仿真等增值服务。到 2020 年，各地根据本地优势行业，重点在电子元器件、电子计算机、视听设备、通信设备等行业，培育若干个电子信息类电子商务平台。

7. 推动消费品电子商务平台转型升级

支持各类消费品行业信息平台整合采购渠道、品牌优势、资金、物流等供应链环节资源，加快向综合服务平台转型升级，面向产业链上下游企业提供信息撮合、在线交易、物流配送、支付结算、供应链金融、大数据分析等服务。支持电子商务平台进一步提升产品质量和服务水平，引导消费品工业企业通过应用电子商务，实施增品种、提品质、创品牌的"三品"战略，改善全省消费品工业供给结构。到 2020 年，培育若干个交易额、品牌影响力国内领先的消费品综合电子商务平台，在纺织服装、食品、家电、家具等行业培育一批交易额超亿元的行业垂直电子商务平台。

(四) 培育工业电子商务新业态新模式

8. 推广个性化定制网络销售新模式

鼓励电子商务平台建立消费品用户需求大数据平台，利用大数据分析、精准营销等手段，提高平台对市场需求动态感知及实时响应能力，开展按需生产、定制生产、精准营销与服务。支持我省制造企业利用电子商务平台采集并对接用户个性化需求，开展基于个性化产品的研发、生产、服务和商业模式创新，促进供给与需求的精准匹配。到 2020 年，在先进装备制造业和先进轻纺制造业等先进制造业领域，培育 1~3 家个性化定制居于行业领先水平的示范企业。

9. 探索工业与移动电子商务融合发展新模式

推动工业企业与移动互联网企业、电信运营商等深度合作，充分利用虚拟社区资源，探索发展"移动+社交+位置"的精准移动电子商务模式，将电子商务应用延伸到移动客户端。支持移动互联网电子商务平台创新应用，利用直播、视频、内容导购等内容化形式及 IM 应用（即时通信、实时传信）、LBS（基于位置的服务）、圈子、粉丝互通等方式，开展社交化、场景化应用发展电子商务，为我省工业产品的移动互联网营销、推广、运营和品牌宣传提供支撑。到 2020 年，培育一批服务于工业企业的国内领先的移动电子商务平台。

(五) 培育跨境工业电子商务发展新动能

10. 支持大型工业企业开展跨境电子商务

支持我省在国际化方面走在前列的大型骨干企业，依托国家"一带一路"战略、自贸试验区建设、粤港澳大湾区建设等机遇，加快开展跨境工业电子商务，重点以 B2B 方式开拓国际贸易市场。支持大型骨干企业利用跨境工业电子商务平台布局全球供应链战略，整合集聚物流和跨境支付企业，打通境外分销、跨境物流配送、跨境支付等渠道，加快形成境内外生产销售信息高效对接的供应链管理体系。到 2020 年，跨境电子商务成为我省大型工业企业拓展海外市场的重要渠道，2018~2020 年，我省工业跨境电子商务交易额年均增长 30%以上。

11. 建设跨境工业电子商务平台

围绕电子信息、装备制造、家电、服装等传统优势产业，建设一批资源富集、功能多元、服务精细的跨境工业电子商务平台，通过全球资源整合、业务流程改造、产业链提升、资本运作等方式，进一步提升广东制造国际竞争力。支持我省骨干供应链服务企业，围绕工业企业"走出去"需求，完善集产品展示、订单交互、电子单据、在线交易、在线支付、跨境物流、结汇退税于一体的跨境服务体系，实现交易全流程的在线化和网络化。到 2020 年，培育 3 个为工业行业提供高效服务、年进出口额超 100 亿元的跨境电子商务平台。

（六）建设工业电子商务示范园区

12. 开展工业电子商务区域试点

重点推进广州、珠江西岸（六市一区）"中国制造 2025"试点示范城市（群）、珠三角国际智能制造示范区以及广州、深圳、佛山信息消费试点示范城市的工业化与信息化深度融合，加快普及和深化工业电子商务应用，率先在工业电子商务转型方面走在全国前列。支持各地积极推动主导产业与电子商务融合创新发展，引进仓储物流、营销推广、金融服务等服务商，建设工业电子商务平台，健全推进工业电子商务发展的创新机制，打造工业电子商务区域产业新生态，成为引领我省区域工业电子商务发展的标杆。到 2020 年，培育 5 个省级工业电子商务区域试点单位。

13. 培育一批"电子商务+产业集群"示范园区

支持各地工业园、产业转移园、专业镇和特色产业集群，应用电子商务加快转型升级，实现线上线下融合发展，加速新旧动能转换。支持各地专业市场建立统一的电子商务服务平台，依托电子商务平台实现集中采购、网络销售、线上展示、在线交易、品牌运营、物流配送，提高集约化水平，打造产业集群的区域品牌。支持各地面向产业集群引进电子商务平台，为企业提供研发设计、在线交易、供应链管理、咨询、金融等服务，推进产业链协同，快速扩大产业规模。到 2020 年，培育 20 个省级产业集群电子商务示范园区。

(七) 促进中小微企业工业电子商务普及深化

14. 推动中小微企业开展网络化经营

加强对小微企业应用电子商务的技术支持和人才培训服务，引导有条件的双创基地为小微企业应用电子商务创新创业提供支撑。支持中小企业依托第三方工业电子商务平台开展网络采购、网络销售业务，开展在线交易、电子认证、在线支付、品牌营销、物流配送、信用评估、咨询服务、售后服务等网络化经营业务，深化电子商务应用。优先认定具有"互联网+"工业设计服务的国家级、省级工业设计中心，推进我省工业设计机构借助电子商务等互联网平台，为中小企业提供设计师、产品策略、工业设计、品牌设计、交互设计等资源服务，促进中小企业转型升级。到 2020 年，培育 10 个以上第三方电子商务服务平台，支持 10 万家以上中小微制造企业入驻，开展网络销售。

15. 整合共享中小企业制造能力和资源

鼓励中小企业共享制造资源，与电子商务平台等互联网平台全面对接，实现优势制造环节的在线发布、协同和交易。深入利用工业互联网平台的生产管理、研发设计和管理优化等软件，开展产品设计、模型制作、产品定制、产品优化、智能创造等业务。支持有能力的中小工业企业实施登云计划，引导企业依托工业云开展产业链协作、供需对接、众包众筹等创新型应用，开放专业知识、设计创意、仓库资源，提升中小企业快速响应和柔性高效的供给能力，降低企业生产运营成本。到 2020 年，80%以上的中小企业实现云计算模式下的信息技术资源管理。

(八) 加快建设工业电子商务支撑服务体系

16. 优化工业电子商务物流服务体系

加快构建物流信息服务平台体系，为全省物流企业整合资源、开展互联网运营提供服务支撑。强化互联网、物联网、云计算、无线射频识别、北斗导航等现代信息技术，以及机器人、无人机等现代设施设备在物流领域的应用，提高物流智能化水平。大力发展"互联网+现代物流"，鼓励物流企业利用"互联网+"进行管理创新和服务创新，为工业电子商务企业提供个性化、定制化、精准化、体验式物流服务。支持传统物流园区实现信息化升级改造，实现与工业园区、工业电子商务园区等集群对接，促进融合发展，促进工业企业降本增效。到 2020 年，社会物流总费用与 GDP 比率下降到 14.5%。

17. 加强工业电子商务标准和信用体系建设

加快完善工业电子商务标准规范体系，参与研究和修订工业电子商务基础术语、产品编码、技术规范、数据对接、平台运作等标准规范体系，促进工业电子商务规范和高效发展。加强工业电子商务领域的诚信建设，大力推动工业电子商务领域信用记录共建共享，完善市场化信用评价体系，推动工业电子商务平台参加我省反"炒信"联盟，支持重要工业产品溯源公共服务平台建设，通过省政务信息资源共享平台，实现与其他信用平台的互联互通。在工业电子商务领域推广应用数字证书和电子合同，鼓励工业电子商务企业积极参与国家电信和互联网行业网络安全试点示范工作，加强网络信息和数据安全管理、预警、防护、危机处理等整套体系建设，保障企业电子交易、在线支付等在安全的网络环境下进行。

18. 加快工业电子商务大数据建设

发展工业电子商务大数据，支持企业开展电子商务大数据挖掘分析，提供按需、优质的个性化服务，利用大数据促进跨境电子商务发展。推进广东省政府数据统一开放平台"开放广东"的建设，整合更多有关电子商务的政务数据，对外提供服务。建立广东电子商务大数据研究中心，解决政府在电子商务工作中存在多年的数据壁垒和统计困难问题，为政府决策、产业规划和企业应用等提供大数据参考，同时为电子商务企业的精准营销策略提供大数据服务。

三、保障措施

（一）加强组织推动

推动各地经济和信息化主管部门建立统筹协调机制，全面落实本实施意见提出的各项目标任务，及时协调解决实施过程中遇到的问题，确保各项目标任务得到有效落实。鼓励各地结合各自实际，围绕本实施意见确定的目标任务制定具体实施方案，细化推进工业电子商务发展的具体目标任务和措施手段，抓好工作落实。

（二）开展试点示范

出台具体举措全面推动试点示范工作，着力在工业电子商务平台、园区、企业培育一批应用成效显著、具有推广价值的试点示范单位，带动全省工业电子商务发展水平的提升。各地级以上市经济和信息化主管部门可参照省的做法，启动市级试点示范工作，根据本地产业发展情况，提出试点示范方向，探索工业电子商务发展新模式。

（三）强化服务支撑

实施《广东省信息基础设施建设三年行动计划（2018-2020 年）》，夯实工业电子商务网络基础。建设"广东省工业电子商务服务商支撑库"，在物流和仓储服务、金融服务、大数据服务、信用认证服务、云计算服务、交易托管和代运营服务、培训服务、品牌管理和营销推广服务、管理工具和软件服务等领域，遴选一批为工业电子商务提供支撑的示范服务商，推动与制造业企业、产业集群对接。支持以大型工业电子商务企业和平台为核心，集聚中小及上下游相关企业搭建沟通合作平台，解决行业发展共性和突出问题，全方位打造工业电子商务生态圈。

（四）加大资金支持

加大对工业电子商务发展的财政支持力度，将工业电子商务列入广东省产业发展基金产业目录和省级促进经济发展专项资金，重点扶持纳入本实施意见的试点示范对象和服务商发展，鼓励各地给予财政配套扶持。鼓励省属企业、各地设立专项基金，引导社会资本参与工业电子商务平台建设与整合，鼓励金融机构创新对工业企业电子商务发展的金融支持方式，开发适合工业电子商务特性的金融产品，有效解决工业企业电子商务发展融资问题。

（五）加强宣传推广

建立广东省工业电子商务推广服务平台，定期公布广东省工业电子商务培育和示范目录名单、广东省工业电子商务服务商支撑库名单，依托我省优势工业品牌和工业电子商务服务优势，推动省内主要媒体参与宣传、推介广东工业电子商务平台、园区和服务商，推广各地各行业工业电子商务应用先进经验，大力提升我省优势工业产品网络影响力。

（六）建立监测体系

加快推进广东省生产服务业运行监测平台建设，建立工业电子商务发展统计指标体系和监测制度，将工业电子商务试点企业、平台和区域纳入监测范围，并逐步扩大统计监测范围，及时掌握全省工业电子商务发展成效、发展短板和发展态势、变化趋势，提高分析、预测的针对性、科学性和时效性，为政府决策和制定促进工业电子商务发展政策措施提供基础支撑。

（七）发挥行业作用

支持有实力的大型工业电子商务企业和相关机构成立省级工业电子商务服务中心、研究院等机构，组建省内工业电子商务领域专家智库，为企业电子商务发展提供咨询服务，有效指导工业电子商务发展。支持相关科研院所、行业协会与工业和电子商务、物流等企业形成战略合作，通过融合发展，推进我省工业电子商务优化升级。

禅城区工业电子商务三年行动
计划（2018-2020年）征求意见稿

工业电子商务是电子商务在工业流通、生产、服务全流程的深化应用，是工业领域基于网络交易的新型经济活动。为促进我区工业电子商务创新争优、率先突破、领先发展，争当全省、全市工业电子商务示范标杆，发挥禅城"强中心"战略担当新作为，根据《工业和信息化部关于印发〈工业电子商务发展三年行动计划〉的通知》（工信部信软〔2017〕227号）、《广东省深化"互联网+先进制造业"发展工业互联网的实施方案》（粤府〔2018〕23号）及《广东省经济和信息化委印发〈广东省工业电子商务发展实施意见（2018-2020年）〉的通知》（粤经信生产〔2018〕65号）精神，结合我区实际，特制定本行动计划。

一、总体要求

（一）指导思想

全面贯彻党的十九大和十九届二中、三中全会精神，以习近平新时代中国特色社会主义思想为指导，以引领工业企业创新发展和促进制造业降本提质增效为方向，以打造工业电子商务平台为重点，完善工业电子商务供应链市场，加快培育个性化定制行业领先示范企业，高效建设工业电子商务服务支撑体系，不断激发制造业企业创新活力、发展潜力和转型动力，加快智造禅城和数字禅城建设。

（二）发展目标

到 2020 年，在全市率先建成完善的工业电子商务生态系统和产业体系。实现重点行业骨干企业电子商务普及率达到 80%，工业电子商务交易额年均增长 30%。培育 2 个以上省级工业电子商务示范平台，2 个以上省级工业电子商务示范（园）区，3 家以上省级工业电子商务模式创新示范企业，10 家以上省级工业电子商务示范服务商，把我区建设成为制造业与电子商务深度融合的产业服务聚集区。

二、主要任务

（一）提升工业企业电子商务应用水平

1. 提高网络集中采购和网络营销水平

推进我区大中型工业企业与电子商务的融合，加大研发投入建设网上统一采购平台。加快建立与针织服装、陶瓷卫浴、装备制造等产业相适应的网络营销体系，支持大中型工业企业建立功能完善、品类丰富的网上营销平台。鼓励供应链服务企业构建采购平台和销售平台，帮助企业实现阳光采购和网络销售，推动产业链上下游企业订单、生产、物流、库存等信息实时交互、精准对接，促进生产端优化配置和生产资源的柔性供给。到 2020 年，重点培育众陶联成为交易超 500 亿元的平台型供应链服务企业，为陶瓷卫浴行业企业开展网络集中采购和网络营销提供支撑。

2. 支持中大型企业电子商务平台建设

加强工业电子商务在企业内外部的应用，建设企业级平台和行业性平台，发展个性化定制、网络化协同和服务化转型等制造业新模式，形成具有示范和推广价值的典型经验和通用解决方案。鼓励陶瓷卫浴、针织服装等行业大中型工业骨干企业采购销售平台向第三方电子商务平台转型，建设工业电子商务垂直平台，为行业用户提供研发设计、在线交易、物流服务、融资结算、品牌运营等一体化服务。到 2020 年，重点培育鸭梨科技成为针织行业营业收入超 100 亿元的企业电子商务示范平台。

(二) 支持大宗原材料电子商务平台创新发展

3. 加快行业信息平台向综合服务平台转型

支持化工、建材等现有大宗原材料交易平台利用电子商务、移动互联网等技术，加快从传统信息撮合平台向专业综合服务平台转型发展。建立集大数据服务、电子商务交易、供应链金融支持为一体的综合服务平台，重点支持各行业内交易额和增速领先的平台按国内一流的 B2B 电子商务平台标准，完善信息发布、线上撮合、在线交易、支付结算、物流配送、价格追踪、供应链金融等服务体系。到 2020 年，围绕整合澜石不锈钢各信息服务平台、交易平台，以不锈钢特色小镇建设为抓手，推进不锈钢行业的集聚、升级，推动建设澜石不锈钢综合服务平台；重点培育奇化网成为交易额超 500 亿元的大宗原材料交易综合服务平台。

(三) 培育优势制造业电子商务平台

4. 重点培育装备制造业电子商务平台

聚焦智能装备制造业产业集群，培育建设功能完善、特色鲜明的行业电子商务平台，引导产业链中小企业和供应链配套企业借助平台开展在线交易，推动装备制造企业利用平台开展在线诊断、设计加工、配送安装、监测维修、质量诊断等产品全生命周期管理服务，推动河谷（佛山）汽车润滑系统制造有限公司等企业进行"机器换人"实现制造业服务化转型。到 2020年，各地根据本区优势行业，重点在陶瓷卫浴、针织服装、建材行业，培育2 个装备制造类电子商务平台。

(四) 培育工业电子商务新业态新模式

5. 推广个性化定制网络销售新模式

鼓励电子商务平台建立消费品用户需求大数据平台，利用大数据分析、精准营销等手段，提高平台对市场需求动态感知及实时响应能力，开展按需生产、定制生产、精准营销与服务。支持我区制造企业利用电子商务平台采集并对接用户个性化需求，开展基于个性化产品的研发、生产、服务和商业模式创新，促进供给与需求的精准匹配。到 2020 年，在先进装备制造业和先进轻纺制造业等先进制造业领域，培育 1~3 家个性化定制居于行业领先水平的示范企业。

（五）培育跨境工业电子商务发展新动力

6. 发展跨境工业电子商务平台

鼓励发展面向重点工业行业的第三方跨境电子商务平台，围绕工业企业"走出去"，建立集询单报价、交易支付、海运物流、货运代理、单证服务、信用保险等于一体，高效便捷的一站式跨境电子商务服务体系，成为企业拓展海外市场和加快品牌培育的重要渠道。到 2020 年，跨境电子商务成为我区大型工业企业拓展海外市场的重要渠道，2018~2020 年，我区工业跨境电子商务交易额年均增长 30% 以上。

（六）建设工业电子商务示范园区

7. 开展工业电子商务区域试点

重点推进张槎街道"中国制造 2025"试点示范城市（群），珠三角国际智能制造示范区的工业化与信息化深度融合，加快普及和深化工业电子商务应用，率先在工业电子商务转型方面走在全省前列。引进天猫（佛山）工业电商共享服务中心等服务商，建设工业电子商务服务平台，健全推进工业电子商务发展的创新机制，打造工业电子商务区域产业新生态，成为引领我区区域工业电子商务发展的标杆。到 2020 年，培育 1 个省级工业电子商务区域试点单位。

8. 培育"电子商务+产业集群"示范园区

支持本区内工业园和特色产业集群，应用电子商务加快转型升级，实现线上线下融合发展，加速新旧动能转换。扶持佛山新媒体电子商务园区、绿岛都市产业园等园区申报国家电子商务示范园区。张槎"互联网+"小镇申报国家特色小镇评选，支持各镇（街道）面向产业集群引进电子商务平台，为企业提供咨询、研发设计、在线交易、金融、供应链管理等服务，推进产业链协同，快速扩大产业规模。到 2020 年，重点培育欧洲工业园，培育 5 个省级产业集群电子商务示范园区。

（七） 加快建设工业电子商务支撑服务体系

9. 建设工业电子商务公共服务平台

引进和整合高校、科研院所、企业创新资源，建设工业电子商务创新中心机构，打造协同研发、测试验证、数据利用、交流合作、咨询评估、创业孵化等公共创新服务载体。依托制造业龙头企业、大型互联网企业和信息通信企业，建设一批融入国际化发展的开源社区。推动工业电子商务"双创"服务平台建设。支持基础电信企业、互联网企业等建设面向制造业企业特别是中小微企业的"双创"服务平台。鼓励建设行业电子商务公共服务平台，支持推进制造企业与电子商务企业、物流企业、金融企业等在品牌培育、产品体验、网上销售、物流配送和产业链金融等领域开展合作，整合线上线下资源，打造制造、营销、物流和服务等高效协同的一体化模式。

10. 加快工业电子商务大数据建设

发展工业电子商务大数据，支持企业开展电子商务大数据挖掘分析，提供按需、优质的个性化服务，利用大数据促进工业电子商务发展。建立禅城区电子商务大数据研究中心，解决政府在电子商务工作中存在多年的数据壁垒和统计困难问题，为政府决策、产业规划和企业应用等提供大数据参考，同时为电子商务企业的精准营销策略提供大数据服务。

三、保障措施

（一） 加强组织推动

建立"工业电子商务三年行动计划推进领导小组"，推动各部门、各行业建立统筹协调机制，绵绵发力、久久为功，全面落实本行动计划提出的各项重点行动，及时协调解决实施过程中遇到的难题，针对不同领域工业电子商务发展需求，加强政策资源协同，明确责任领导、责任部门、责任进度，确保各项重点行动得到完整、及时、有效落实。

（二） 实施培育工程

建立"企业—协会—学校—基地"四位一体的人才培养体系，以工业企业需求为导向，以广东省电子商务协会为纽带，积极推动学校开设工业电子商务专题课程，工业企业定期到学校开展工业电商专题讲座，引导工业企业和学校联合培养人才，通过"佛山市电子商务创业孵化基地"和"佛山市电子商务应用人才培训基地"进行电商实训，打造禅城区电商人才和创业孵化高地。

（三）加大支持力度

加强对本区小微企业应用电子商务的技术支持和人才培训服务，支持中小企业依托第三方工业电子商务平台开展网络采购、网络销售业务，开展在线交易、在线支付、品牌营销、物流配送、咨询服务、售后服务等网络化经营业务，深化电子商务应用。

（四）加强宣传推广

加大宣传力度，通过多种形式普及电子商务知识，充分利用新媒体，营造禅城区工业电子商务氛围；加强行业交流促进共同发展，支持工业电子商务企业参加国际、国内电商论坛、展会等行业交流活动，宣传禅城产业特色；举办具备行业影响力的大型电子商务论坛、峰会等，聚集知名工业电子商务企业，提升禅城工业电子商务在行业内的影响力。

（五）发挥行业作用

具有实力的中大型工业企业、电子商务企业和相关机构成立省级工业电子商务服务中心、研究院等机构，组建省内工业电子商务领域专家智库，为企业电子商务发展提供咨询服务，有效指导工业电子商务发展。支持相关科研院所、行业协会与工业和电子商务、物流等企业形成战略合作，通过融合发展，推进我区工业电子商务优化升级。

2018 年 "创客广东"
工业电商创新创业大赛方案

为贯彻落实党中央、国务院关于大众创业、万众创新和促进中小企业健康发展的战略部署，助力 "中国制造 2025" 和 "互联网+" 行动深入实施，促进广东省大中小企业融通发展，根据《工业和信息化部关于印发〈工业电子商务发展三年行动计划〉的通知》（工信部信软〔2017〕227 号）精神，以及《工业和信息化部关于举办 2018 年 "创客中国" 创新创业大赛的通知》（工信部企业函〔2017〕552 号）的相关要求，现组织策划 2018 年 "创客广东" 工业电商创新创业大赛，具体方案如下：

一、大赛主题

创新驱动　制造强省

二、大赛时间

2018 年 4～6 月

三、组织机构

指导单位：广东省经济和信息化委员会
主办单位：广东省电子商务协会

广东奇化化工交易中心有限公司

协办单位：华南电子商务联盟

广东省华南现代服务业研究院

广东省现代服务业联合会

顺德家具协会

广东岭南现代高级技工学校

中山市凡迹网络科技有限公司

四、参赛对象及参赛条件

大赛主要对从事"互联网+制造"创业的企业与个人，包含电子商务在工业流通环节的应用，为产品销售和服务而开展的网络购销与物流活动，以及基于第三方电子商务服务平台进行的工业相关商品交易与物流活动等进行创新创业的工业电商项目进行评选。

本次赛事分为企业组和团队组两个不同的组别进行，由专家委员会委员组成的评审组考核评分。

（一）企业组参赛条件及要求

（1）在中国境内注册，符合《中小企业划型标准规定》（工信部联企业〔2011〕300号）的中小微企业；

（2）参赛项目已进入市场，具有良好发展潜力；

（3）拥有自主知识产权且无产权纠纷；

（4）无不良记录。

（二）创客组参赛条件及要求

（1）遵纪守法的中国公民或团队；

（2）团队核心成员不超过5人；

（3）参赛项目的创意、产品、技术及相关专利归属参数团队，与其他单位或个人无知识产权纠纷。

五、赛事流程及时间安排

(一) 第一阶段（宣传发动，2018 年 4~5 月）

通过华南电商联盟 21 个地级市电商协会资源、大赛官方网站、主流媒体、新媒体、微信等平台，以及各地市人力资源和社会保障局、商务局、市青年企业家协会等机构广泛、持续发布大赛相关信息，发动符合条件者积极参赛。

(二) 第二阶段（报名及确认审核，2018 年 5 月 20 日前）

参赛团队统一登录大赛官网提交报名资料。报名结束后，由执委会对参赛项目进行审核确认。

(三) 第三阶段（工业电商专题培训及参赛辅导，2018 年 5 月 25 日前）

经大赛组委会资格审核通过的参赛团队和参赛企业参加组委会在全省开展的线上线下工业电商专题培训。

1. 线上培训

培训内容	培训时间（拟）
参赛实训辅导：如何用正确姿势参赛打动评委	2018 年 5 月
创业项目 BP 制作专题培训：教你如何快速获得投资者的青睐	2018 年 5 月
初创企业如何基于关键能力形成独特的商业模式	2018 年 5 月

2. 工业电商大讲堂

大赛期间在全省各分赛区相关地市举办"广东工业电商大讲堂"，计划在广东省内各地级市巡回举办工业电商应用交流会、行业专场资源对接会、专家专题分享会等系列配套活动。

具体内容	地点（拟）	时间（拟）
工业电商珠三角区域培训	广州	2018 年 5 月
工业电商粤东区域培训	汕头	2018 年 5 月
工业电商粤西区域培训	茂名	2018 年 5 月

（四）第四阶段（初赛，2018 年 5 月 30 日前）

初赛实行赛区制，共分为三个赛区，大赛评审方式采用匿名评审和现场实名评审两种方式。评审专家需按照《工业电商赛评分表》对所有参赛项目评分。

序号	分赛区	所辖地域
1	粤东赛区	潮州、汕头、汕尾、揭阳、梅州、河源
2	粤西赛区	茂名、湛江、阳江、云浮
3	珠三角赛区	佛山、中山、珠海、广州、东莞、惠州、江门、肇庆、清远、韶关

注：全省赛区根据大赛报名实际情况（报名数量）会有微调。

总执委会指导各初赛承办地市组织参赛项目参加初赛，初赛以现场路演为主，晋级名额按各赛区参赛项目数量比例（或其他考量因素）进行分配，原则上每个组别不超过 30 个，总名额不超过 60 个。

评审结果公示：经过严格的资格审查和评审专家组客观、公正的评审，按照排名前后，评选出入围省预决赛的项目并在 2018 年 6 月 30 日前进行公示。

（五）第五阶段（决赛，2018 年 6 月 8 日）

全省决赛采取现场展示和答辩的形式进行。参赛者通过现场展示、路演、答辩等环节进行比赛，大赛评审委员会对决赛项目进行评比，决出名次及奖项。

晋级决赛的 60 个团队（企业）进行项目展示及现场答辩。经综合评分后确定团队组评选出金奖 1 名、银奖 2 名、铜奖 3 名、优胜奖 6 名，企业组评选出金奖 1 名、银奖 2 名、铜奖 3 名、优胜奖 6 名。专题赛组委会推选十个优秀项目参加全省的最终复赛。

（六）第六阶段（工业电商大会暨颁奖典礼，2018 年 6 月 9 日）

根据专题赛决赛的结果，邀请政府领导给获取企业及团队颁奖，同时邀请全球领先的工业电商行业代表企业齐聚广东, 举办广东工业电商大会, 共商广东制造业升级之路, 带来最新的、最完善的工业电商解决方案。

(七) 赛事配套活动 (初赛至决赛期间)

(1) 专题培训 (2018 年 4-5 月, 各分赛区)。总执委会组织参赛团队和企业参加专题培训 (培训内容包括: 商业模式的梳理、团队的组建与管理、初创公司的运营、项目路演技巧等)。

(2) 项目资源对接会 (2018 年 4-5 月, 广州)。搭建参赛团队与创投机构、创业服务机构对接平台, 促进创业项目成果转化, 推进参赛项目落地。

(3) 创业导师 "一对一辅导" (2018 年 5 月, 广州)。总执委会邀请实战派工业电商专家、风投机构组成创业导师, 针对创业项目开展半个月的 "一对一" 专门辅导, 并组织参赛团队开展项目路演活动。

(4) 工业电商行业资源对接会 (2018 年 4-5 月, 各分赛区)。总执委会在各分赛区开展 4-5 场工业电商行业培训, 邀请工业电商专家为创业者提供孵化支持, 开展工业电商培训。

(5) 入围预决赛项目 "投融资专题对接会" (2018 年 5 月, 各分赛区)。

六、奖项设置

(1) 竞赛奖。企业组、团队组分设金奖、银奖、铜奖、优胜奖, 颁发大赛证书和奖杯。

企业组: 金奖 1 名 (奖金 4 万元); 银奖 2 名 (奖金 2 万元); 铜奖 3 名 (奖金 1 万元)。

团队组: 金奖 1 名 (奖金 3 万元); 银奖 2 名 (奖金 1.5 万元); 铜奖 3 名 (奖金 0.8 万元)。

(2) 组织奖。设立优秀组织奖, 对积极参与大赛并作出重要贡献的单位, 由大赛组委会颁发优秀组织奖奖牌及荣誉证书。

(3) 单项奖。大赛组委会根据赛事具体情况, 将增设以下单项奖, 包括最佳人气奖、最佳现场展示奖、最佳休闲创意奖等。

七、项目支持

除奖金资助外，大赛获奖项目和优秀项目还有机会获得以下支持：

（1）创业融资服务。对获奖的参赛项目提供投融资对接服务，并由大赛合作金融机构为符合授信标准的参赛项目提供包括创业贷款、个人商务贷款、小企业法人贷款等融资支持。

（2）获奖项目或优秀项目优先享受广东省电子商务协会的平台资源，对接广州股权交易中心，为参赛项目拓宽融资渠道，为创新创业项目提供孵化培育、规范辅导、登记托管、挂牌展示、投融资对接等综合金融服务，促进创新创业项目的市场化、资本化、产业化发展，提升青年创新创业成功率。

（3）导师辅导。邀请国内知名创业导师为获奖的参赛项目提供后续的创业培训和创业辅导。

（4）创业服务。为获奖项目在后期的创业过程中，在科技、法律、财务、软件技术认定、专项资金、税费等方面，协调有关部门给予相关支持。

（5）宣传推广。大赛组委会将通过媒体，对获奖项目及团队进行宣传推广。

[1] 姚国章，丁秋林. 我国制造业发展与应用电子商务研究［J］. 南京审计学院学报，2005（1）.

[2] 张志檩. 供应链管理在国内外应用的现状与趋势［J］. 数字化工，2004（11）：1-5.

[3] 路长青. 中国第一汽车集团供应链管理优化研究［D］. 天津：天津大学硕士学位论文，2011.

[4] 周新跃. 基于电子商务环境下的供应链管理的研究［D］. 阜新：辽宁工程技术大学硕士学位论文，2006.

[5] 罗海平. 电子商务供应链管理的运作模式［D］. 武汉：武汉理工大学硕士学位论文，2006.

[6] 马士华，林勇，陈志祥. 供应链管理［M］. 北京：机械工业出版社，2000.

[7] 黄国雄. 供应链管理［M］. 北京：中国劳动保障出版社，2006.

[8] 何流. 基于电子商务的供应链管理研究［D］. 武汉：湖北工业大学硕士学位论文，2010.

[9] 蓝伯雄，郑晓娜，徐心. 电子商务时代的供应链管理［J］. 中国管理科学，2000（9）：2-8.

[10] 唐业富. B2B 电子商务供应链协同管理研究与应用［D］. 赣州：

江西理工大学硕士学位论文，2008.

[11] 曹淑艳. 电子商务应用基础 [M]. 北京：清华大学出版社，2005.

[12] 韩维贺，王越. B2B 电子商务与企业供应链管理 [J]. 信息与电脑，2000（10）.

[13] 刘洋，林健. 传统企业 e 化的网络供应链管理 [J]. 工业工程，2001（6）.

[14] 金世伟，艾文国，李一军. 基于电子商务的供应链管理与 ERP 集成的研究 [J]. 决策借鉴，2002（12）.

[15] 鲁晓春，郭树东. 电子商务技术对供应链模式的影响 [J]. 中国物资流通，2001（5）.

[16] 盛晏，章喜为. 基于电子商务的供应链管理集成研究 [J]. 湖南农业大学学报（社会科学报），2006（2）.

[17] 方刚. 电子商务供应链管理 E-SCM 及相关整合研究 [J]. 铜陵学院学报，2009（3）.

[18] 卫丹. 基于电子商务的供应链管理模式及应用研究 [D]. 成都：西南财经大学硕士学位论文，2005.

[19] 张强. 电子商务环境下供应链的联合需求预测研究 [D]. 西安：西安电子科技大学硕士学位论文，2005.

[20] 李翠芝. 电子商务环境下供应链管理理论及应用的研究 [D]. 太原：山西财经大学硕士学位论文，2004.

[21] 李金亮. 面向现代电子商务的供应链管理 [J]. 物流技术，2008，27（5）.

[22] 韩斌. 电子商务环境下企业供应链管理模式研究 [D]. 哈尔滨：哈尔滨工程大学硕士学位论文，2003.

[23] 石道元. 电子商务概论 [M]. 北京：北京大学出版社，2005.

[24] OECD. 全球电子商务行动计划 [R]. 经济合作与发展组织（OECD），1998.

[25] 吴运安. 制造业供应链电子商务管理模式研究 [D]. 天津：天津大学硕士学位论文，2012.

[26] 孙宏伟. 制造业电子商务发展模式探析 [D]. 北京：北京交通大

学硕士学位论文，2011.

[27] 赛迪智库两化融合走势判断课题组. 制造业加速融入互联网 [J].
中国经济和信息化，2014（10）：87-88.

[28] 许晓明. 信息技术发展对我国机械制造业的影响 [J]. 信息通信，
2014（6）：277-278.

[29] 李建琴. 制造业服务化升级过程中电子商务成长路径分析 [J]. 价
格月刊，2014（12）：54-56.

[30] 刘元鹏. 中小企业开展电子商务的模式选择 [D]. 成都：西南财
经大学硕士学位论文，2013.

[31] 黄亚静. 传统企业实施电子商务的 SWOT 分析与对策研究 [J]. 电
子商务，2013（5）：47-48，64.

[32] 郭旭. 电子商务背景下传统制造业渠道选择与协同发展探讨 [J].
商业时代，2013（22）：39-40.

[33] 王鹏. SU 公司发展电子商务的战略研究 [D]. 成都：电子科技大
学硕士学位论文，2012.

[34] 李秀丽，海燕. 对企业开展电子商务的经济评价 [J]. 中国商贸，
2011（9）：101-102.

[35] 张慧. 我国传统企业开展电子商务的必要性研究 [J]. 企业改革与
管理，2014（24）：248.

[36] 张扬. 我国中小企业发展电子商务研究 [D]. 北京：首都经济贸
易大学硕士学位论文，2012.

[37] 黄海滨. 新编电子商务教程 [M]. 上海：上海财经大学出版社，2011.

[38] 德勤，清科集团. 2010 年中国电子商务行业投资研究报告 [EB/OL].
http：//www.docin.com/p-94281630.html，2012-09-19.

[39] 张民旭. 广州市荔湾区电子商务产业发展情况 2012 [EB/OL]. 新
浪微博，2012-11-21.

[40] 施建. 五年投入 25 亿元，广州市搭台挺电商 [N]. 21 世纪经济报
道，2012-11-06.

[41] 訾猛，林浩然，童兰. 政策红利释放，跨境电商黄金时代开启——
跨境电商行业专题报告 [R]. 国泰君安研究所，2015.

［42］付强. 跨境电子商务对国际贸易的影响分析 ［J］. 中国经贸，2016（6）.

［43］宗艳霞. 我国跨境电子商务发展障碍性因素及策略 ［J］. 吉林工商学院学报，2016（2）.

［44］冯耕中. "创新模式、科学发展、汇聚共识、合作共赢" ——大宗商品电子交易市场创新发展与实践 ［C］. 全国生产资料流通企业工作座谈会暨中国生产资料与商贸流通高峰论坛，2011-09-01.